Sobre *histórias*

Tradução:
Francisco Nunes

Sobre *histórias*

C. S. LEWIS

Edição *especial*

Título original: *On Stories: and other essays on literature*
Copyright © 1982, 1966 by C. S. Lewis Pte. Ltd.
Originally published in the United Kingdom in 1966 by Harcourt Brace.
Edição original por HarperCollins *Publishers*. Todos os direitos reservados.
Copyright de tradução © Vida Melhor Editora S.A., 2018.

Os pontos de vista desta obra são de responsabilidade de seus autores e colaboradores diretos, não refletindo necessariamente a posição da Thomas Nelson Brasil, da HarperCollins Christian Publishing ou de sua equipe editorial.

Gerente editorial	*Samuel Coto*
Editor	*André Lodos Tangerino*
Assistente editorial	*Bruna Gomes*
Copidesque	*Hugo Reis*
Revisão	*Davi Freitas e Clarissa Melo*
Diagramação	*Sonia Peticov*
Capa	*Rafael Brum*

**CIP-BRASIL. CATALOGAÇÃO NA FONTE
SINDICATO NACIONAL DOS EDITORES DE LIVROS, RJ**

L652q
 Lewis, C. S. (Clive Staples), 1898-1963
  Sobre histórias / C. S. Lewis ; tradução Francisco Nunes. - 1. ed. - Rio de Janeiro : Thomas Nelson Brasil, 2018.
  256 p. : il. ; 21 cm.
  Tradução de: *On stories and other essays*
  ISBN 978-85-7860-657-2

  1. Literatura inglesa - História e crítica. 2. Ensaios ingleses. I. Nunes, Francisco. II. Título.

18-51208
CDD: 820.9
CDU: 82.09(410.1)

Meri Gleice Rodrigues de Souza - Bibliotecária CRB-7/6439

Thomas Nelson Brasil é uma marca licenciada à Vida Melhor Editora, S. A.

Todos os direitos reservados à Vida Melhor Editora S.A.
Rua da Quitanda, 86, sala 218 — Centro
Rio de Janeiro — RJ — CEP 20091-005
Tel.: (21) 3175-1030
www.thomasnelson.com.br

Sobre *histórias*

Clive Staples Lewis (1898-1963) foi um dos gigantes intelectuais do século XX e provavelmente o escritor mais influente de seu tempo. Era professor e tutor de literatura inglesa na Universidade de Oxford até 1954, quando foi unanimemente eleito para a cadeira de Inglês Medieval e Renascentista na Universidade de Cambridge, posição que manteve até a aposentadoria. Lewis escreveu mais de 30 livros que lhe permitiram alcançar um vasto público, e suas obras continuam a atrair milhares de novos leitores a cada ano.

Esta coleção de ensaios é dedicada à Priscilla Collins pelos curadores do espólio de Lewis em sinal de respeito e admiração, e em agradecimento pelo apoio incansável que dela receberam na iniciativa de cuidar de maneira digna do que lhes foi confiado.

OWEN BARFIELD
WALTER HOOPER

SUMÁRIO

Prefácio		11
Capítulo 1	Sobre histórias	31
Capítulo 2	Os romances de Charles Williams	58
Capítulo 3	Um tributo a E. R. Eddison	69
Capítulo 4	Sobre três modos de escrever para crianças	70
Capítulo 5	Por vezes, os contos de fadas podem dizer melhor o que deve ser dito	90
Capítulo 6	Sobre gostos juvenis	96
Capítulo 7	Tudo começou com uma imagem...	101
Capítulo 8	Sobre ficção científica	103
Capítulo 9	Uma resposta ao professor Haldane	126
Capítulo 10	*O Hobbit*	143

Capítulo 11	*O Senhor dos Anéis*, de Tolkien	146
Capítulo 12	Um panegírico para Dorothy L. Sayers	158
Capítulo 13	O dom mitopeico de Rider Haggard	165
Capítulo 14	George Orwell	172
Capítulo 15	A morte de palavras	178
Capítulo 16	O Pártenon e o optativo	183
Capítulo 17	Crítica de época	189
Capítulo 18	Diferentes gostos na literatura	198
Capítulo 19	Sobre a crítica	211
Capítulo 20	Propriedades irreais	236

PREFÁCIO

"Você não conseguirá uma xícara de chá suficientemente grande ou um livro suficientemente longo que me satisfaça", disse C. S. Lewis, uma observação que quase poderia ser usada como epígrafe para este livro curto. Ele certamente quis dizer o que ele disse, pois naquele momento eu estava servindo chá em uma xícara bem grande de porcelana da Cornualha e ele estava lendo *Bleak House*, de Charles Dickens.

O tema desta coleção de ensaios é a excelência das histórias. E, particularmente, aqueles tipos de história que Lewis aprecia de modo especial: contos de fadas e ficção científica. Nos ensaios reunidos aqui, o autor discute certas qualidades literárias que ele sentiu que os críticos ignoravam ou, por causa do turbilhão da moda sendo como é, descartavam automaticamente. Quando a maioria dos artigos foi publicada pela primeira vez, em 1966, sob o título *Of Other Worlds* [De outros mundos] (com quatro histórias agora republicadas em *A torre negra e outras histórias*, de Lewis), os críticos literários mais veementes encorajavam os leitores a encontrar na literatura quase

11

Sobre histórias

tudo — a monotonia da vida, a injustiça social, a simpatia pelos pobres oprimidos, o trabalho enfadonho, o cinismo e a aversão —, tudo, menos *diversão*. Saia da linha, e você será marcado como um "escapista". Não é de admirar que tantas pessoas desistiram de fazer as refeições na sala de jantar e se mudaram para as partes inferiores da casa, o mais perto que pudessem chegar da pia da cozinha.

Lewis os ouviu, ficou onde estava e se provou imune a tudo isso. Por essa razão, a propriedade mais duradoura desta coleção reside nos textos que Lewis escreveu sobre os sete livros que compõem *As crônicas de Nárnia* e sua trilogia de ficção científica. Ainda assim, não tenho dúvidas de que nossos carcereiros literários ainda nos manteriam em grilhões, na prisão de sua própria criação, se Lewis não tivesse aberto a porta, rompido nossas correntes e nos conduzido para fora. Mas parte da eficácia de Lewis como libertador residia no fato de estar ele familiarizado com o interior do cárcere por causa de sua própria prisão anterior. Vejamos o que o colocou lá e como ele escapou.

C. S. Lewis não tinha mais de cinco ou seis anos quando escreveu, em um caderno que mais tarde ele me entregou, uma história chamada "To Mars and Back" e outro pequeno romance sobre ratos e coelhos cavalheirescos com armadura completa para matar gatos. Embora seu interesse pelo romance, particularmente do tipo fantástico e "sobrenatural", tenha permanecido por toda a sua vida, talvez seja mais do que coincidência que, quando sua mãe morreu em 1908, embora ele tivesse apenas nove anos, suas composições começaram a refletir mais e mais os interesses e a conversa "adulta" de seu pai, que era advogado do tribunal da polícia em Belfast.

Mais tarde, Lewis diria em sua autobiografia, *Surpreendido pela alegria*, que foi uma extrema inabilidade com a mão, devida à deformidade hereditária de ter apenas uma articulação no polegar, que o levara a escrever. Isso é uma coisa. Mas a evidência do puro prazer que ele encontrou ao escrever sugere que essa propensão teria sido tão difícil de sufocar como seria reverter a rotação da Terra.

A maioria das histórias ainda inéditas que Lewis começou a escrever quando tinha cerca de seis anos e continuou até os quinze anos era, em primeiro lugar, sobre seu mundo imaginário da Terra dos Bichos e os animais antropomórficos que nela habitam. Com o tempo, seu irmão mais velho, Warren, selecionou a Índia como o país "dele". Então, para que fosse um mundo compartilhado, a Índia foi retirada do lugar no mundo real e colocada ao lado da Terra dos Bichos — ambas se tornaram assim, no tempo, o país de Boxen. Pouco depois, os mapas de Boxen incluíam as principais rotas de trem e navio a vapor — uma das contribuições de Warren. Murray, a capital, já tinha seu próprio jornal. E, assim, de um sótão cheio de brinquedos infantis comuns e potes de tinta, surgiu um mundo quase tão consistente e autossuficiente como se encontra nos romances do imaginário condado de Barsetshire, escritos por Anthony Trollope.[1]

---

[1] Anthony Trollope (1815—1882), novelista inglês da era vitoriana, mais conhecido pela série de romances conhecidos como *Chronicles of Barsetshire* [Crônicas de Barsetshire]. [N. T.]

Sobre histórias

Assim como as primeiras lendas do rei Artur e sua corte cresceram para incluir histórias dos cavaleiros da Távola Redonda, assim uma leitura sistemática das histórias de Boxen — profusamente ilustradas pela pena de Lewis e cobrindo mais de setecentos anos — revela um crescimento semelhante. O interesse do jovem rapaz era, em primeiro lugar, o de um historiador de Boxen: com o passar do tempo, ele se voltou para escrever romances e biografias em que os personagens principais se tornam proeminentes. A obra-prima de Lewis é Lord John Big. Esse sapo nobre já é o Pequeno-Mestre, ou seja, o primeiro-ministro, quando o encontramos em "Boxen: Or Scenes from Boxonian City Life" [Boxen: ou cenas da vida citadina boxeniana] (escrito em 1912). Mais tarde, ele teria a própria biografia, "The Life of Lord John Big of Bigham" [A vida de Lorde João, o Grande, de Bigham], em três "volumes" ou cadernos, composta em 1913.

Há muito para admirar sobre Boxen. Lord Big é um sapo de imensa personalidade, e eu o considero quase tão inesquecível como Ripchip, o rato, e como Brejeiro, o paulama das histórias de Nárnia (os quais eram, como Lewis me contou, seus favoritos). Não há nada que sugira que o autor teve de laborar a fim de tentar "preencher" seus enredos cuidadosamente construídos. E o humor, embora mais contido do que o que encontramos nos trabalhos escritos anos depois, é inconfundivelmente do tipo de Lewis. Ele estava treinando, sem saber disso, para ser um romancista.

Mas, como o próprio Lewis admitiu em *Surpreendido pela alegria*, Boxen é vazio de poesia e romance. Eu acho

Prefácio

que pode surpreender o leitor dos livros narnianos saber o quanto isso é prosaico. Para ser justo, deve-se ressaltar que isso foi em parte intencional, já que, como Lewis falou mais tarde, "quando comecei a escrever histórias em cadernos, tentei adiar todas as coisas que eu realmente queria escrever até pelo menos a segunda página — pensei que não seria como um livro para adultos se ele se tornasse interessante de pronto."[2] Acima de tudo, as histórias de Boxen são marcadas, entre outras coisas, pela política, algo que Lewis veio a detestar na vida adulta. Afinal, isso o manteve amarrado por muito tempo. Os personagens de "Scenes from Boxonian City Life" saboreiam um lugar na "Panelinha", embora nenhum deles — e certamente não o autor — pareça ter uma ideia clara do que uma panelinha seja. Isso não é surpreendente, pois, como Lewis queria que seus personagens fossem "adultos", ele naturalmente os fazia se interessar por aquilo que ele sabia serem assuntos de adulto. E a política, como Lewis e seu irmão me disseram, era um assunto sobre o qual ouviram muito de seu pai e de seus contemporâneos.

Quando Boxen chegou ao fim, iniciou-se o que Lewis considerou o período mais feliz de sua vida. Começou no outono de 1914, quando ele foi enviado para Little Bookham, em Surrey, a fim de ser preparado apressadamente para Oxford por um velho amigo da família, W. T. Kirkpatrick. Um racionalista, Kirkpatrick, quase

---

[2] "Christianity and Culture" [Cristianismo e cultura], *Christian Reflections* [Reflexões cristãs], ed. Walter Hooper (1967).

certamente sem intenção alguma de fazê-lo, fortaleceu as crenças ateias que Lewis já tinha. Na época da ida para Little Bookham, Lewis conheceu um vizinho de Belfast, Arthur Greeves, que se tornaria seu amigo por toda a vida e, depois de Warren, seu confidente mais próximo — que partilhava perfeitamente de seu gosto pela literatura. Basta olhar a troca semanal de cartas de Lewis com Arthur[3] para ver o crescimento de sua imaginação, que se revela no vigor da lenda em *A morte de Artur*, de Malory, em *The Well at the World's End* [O poço do fim do mundo], de William Morris, e em *Phantastes: a terra das fadas*, de George MacDonald, cuja obra se tornou para Lewis quase o ideal do que deveria ser um romance, na qual ele afirmou ter "batizado" sua imaginação. Esse "batismo" não era visto na época, e a "santidade" que ele encontrou em *Phantastes* e em outras obras de MacDonald levou alguns anos para achar caminho pela resistência truculenta de Lewis ao cristianismo. O que Lewis tinha intenso interesse em compartilhar com Arthur eram histórias estranhas, fantásticas, lindas, expressões de grandes "mitos" — e, decididamente, *não* aquelas que se preocupavam com "problemas eternos" —, tudo o que, para ele, estava sob o imerecido nome de "realismo".

O primeiro semestre de Lewis em Oxford, sua breve amizade com um colega do Corpo de Treinamento de

---

[3] *They Stand Together: The Letters of C. S. Lewis to Arthur Greeves (1914—1963)* [Eles permaneceram juntos: as cartas de C. S. Lewis para Arthur Greeves (1914—1963)], ed. Walter Hooper (1979).

Prefácio

Oficiais, Paddy Moore, que o levou à promessa de cuidar da mãe de Paddy caso sobrevivesse às trincheiras da França durante a Primeira Guerra Mundial, seu retorno a Oxford depois da guerra (em que Paddy foi morto) e a "adoção" da Sra. Moore, tudo isso está suficientemente tratado em *They Stand Together* e *C. S. Lewis: A Biography*.[4] O que nos interessa aqui são os acontecimentos que levaram Lewis a mudar esse caminho até que surgisse como o autor do tipo de histórias de que gostava muito.

Já em 1912, quando perdeu a fé no cristianismo, Lewis se tornou sujeito a uma atração ocasional e à repulsa pelo oculto. Durante os anos de graduação em Oxford, quando compartilhava acomodações com a mãe adotiva, a Sra. Moore, conheceu duas pessoas que o fizeram retroceder. Um desses indivíduos era "um velho pároco irlandês — sujeito sórdido, tagarela, trágico", em quem coexistiam "um sequioso desejo de imortalidade pessoal" e "uma completa indiferença a tudo que pudesse, numa concepção lúcida, tornar desejável a imortalidade".[5] O outro, um ex-psicanalista praticante, foi alguém com quem Lewis manteve uma amizade estreita e de quem cuidou por duas semanas, "um homem que estava enlouquecendo", pois "flertara com a teosofia, a ioga, o espiritismo, a psicanálise e coisas afins".[6] Lewis gostava de ambos os homens. No entanto, a influência corruptora do espiritismo sobre eles e a "nova

---

[4] De Roger Lancelyn Green e Walter Hooper.
[5] *Surpreendido pela alegria* (1955), cap. XIII.
[6] *Surpreendido pela alegria*, cap. XIII.

psicologia", que fazia com que muitas pessoas se tornassem tola e facilmente introspectivas, fizeram Lewis decidir ser contra qualquer coisa que se inclinasse em direção ao oculto. A repulsa é evidente em seu diário. Procurando por algo para acalmar a mente, ele registrou, no dia 19 de janeiro de 1927, a segurança que encontrou ao voltar à poesia de Wordsworth: "Esta é a imaginação real, sem duendes, sem carmas, sem gurus, sem nenhum maldito psiquismo ali. Eu estive perdido entre as ideias de segunda categoria por muito tempo". Posteriormente, Lewis evitou todos os pensamentos sobre a imortalidade, e até mesmo todo tipo de romantismo, que já fora um de seus principais prazeres e preocupações.

Isso até que ele passou a receber a influência completamente benigna de um colega em Oxford, o professor J. R. R. Tolkien. Este não era apenas cristão, mas também, como Lewis explicou em uma carta a Greeves, aquele que foi um dos portadores humanos da fé para ele. O evento real aconteceu na noite de 19 de setembro de 1931, quando Lewis, Tolkien e outro amigo, Hugo Dyson, passaram a noite inteira discutindo o "mito" e sua relação com a revelação de Deus em Cristo. Tolkien, como Lewis, havia muito se divertia com mitos antigos, particularmente com os de origem nórdica. A diferença entre eles era que, enquanto Lewis definia os mitos como "mentiras sopradas através da prata", Tolkien, já trabalhando em seu vasto mundo inventado da Terra Média, acreditava na *verdade* inerente da mitologia. "Assim como a fala é uma invenção sobre objetos e ideias," ele disse a Lewis naquela noite, "o mito é

Prefácio

uma invenção sobre a verdade. Viemos de Deus e inevitavelmente os mitos que tecemos, apesar de conterem erros, refletem também um fragmento da verdadeira luz, da verdade eterna que está com Deus. De fato, apenas ao criar mitos, ao se tornar 'subcriador' e inventar histórias, é que o Homem pode se aproximar do estado de perfeição que conhecia antes da Queda".[7]

Essa foi uma das maiores sacudidas que Lewis experimentou, e, depois, se tornou parte de sua filosofia e de sua teologia, como o era com Tolkien. De fato, a impressão foi tão imediata que Lewis, em sua descrição disso a Greeves, em 18 de outubro de 1931, conseguiu admitir que a "história de Cristo é simplesmente um verdadeiro mito: um mito trabalhando sobre nós do mesmo modo que os outros, mas com a tremenda diferença de que *ele realmente aconteceu*".

Sendo cristão ou não o leitor dos livros de Lewis, deve-se dizer aqui que a conversão dele *foi* o principal divisor de águas de sua vida. Não houve nenhum recanto ou fenda de seu ser que ela não tenha, por fim, alcançado e transformado. Sem isso, tenho certeza de que ele nunca teria se tornado o homem bom e grandioso que foi. Que ele teria sido um escritor de alguma reputação já era evidente, mas, sem a conversão, sua ambição desenfreada de outrora não teria sido suficiente. Não sei se é assim com outras pessoas, mas para Lewis e *sua* ambição, era como se um homem e uma fera vivessem juntos havendo comida suficiente apenas para um. E a fera quer tudo para si. Quando ela foi

---

[7] Humphrey Carpenter, *J.R.R. Tolkien: uma biografia*, cap. 4.

expulsa, as primeiras coisas[8] encontraram seu lugar certo e as coisas secundárias permaneceram onde deveriam.

E onde, na literatura, as primeiras coisas devem ser colocadas? Como esperado, Lewis colocou sua confiança em mundos imaginários. Admirador de longa data do que costumava ser chamado de "cientificção", ele entendia que era um defeito grave que a maioria das histórias de "outros mundos" fosse usada como veículo para exaltar algumas das tendências mais egoístas do ser humano. Demorou algum tempo até que ele criasse algo como uma "mitologia" própria, mas sabemos, como dito por ele mesmo, que seus romances interplanetários e suas histórias narnianas começaram com ele "vendo imagens" em sua mente. Nunca, como ele afirma, *começou* uma história com uma "mensagem" ou uma "moral"; elas surgiam durante o processo de escrita.

Lewis estava, no momento dessa conversa importante, com Tolkien, trabalhando em *A alegoria do amor: um estudo da tradição medieval*. Meu palpite é que algumas das "imagens" mentais que mais tarde o levariam a escrever uma história sobre Marte — *Além do planeta silencioso* — podem ter resultado de seu estudo sobre *De Mundi Universitate*, o raro registro da criação feito por Bernardo Silvestre no século XII.[9]

---

[8] Referência à conhecida frase de Lewis: "Percebi que, colocando as primeiras coisas em primeiro lugar, teremos as segundas a seguir, mas, colocando as segundas em primeiro, perdemos ambas". [N. T.]
[9] Editado por C. S. Barach e J. Wrobel, foi publicado em Innsbruck, em 1876. Depois de 102 anos, finalmente foi feita uma nova edição dessa obra, intitulada *Cosmographia*, editada por Peter Dronke. Ela foi traduzida para o inglês por Winthrop Wetherbee como *The 'Cosmographia' of Bernardus Silvestris* [A Cosmografia de Bernardo Silvestre] (1973).

Prefácio

Eu vejo, a partir do exemplar cuidadosamente anotado que era dele, e que agora está em minha posse, que Lewis terminou de lê-lo em 4 de agosto de 1930. É evidente que ele ficou impressionado com a menção de Bernardo aos "Oyarses" — a essência dominante ou o espírito tutelar de um planeta — por conta das extensas anotações nas margens. Em qualquer caso, querendo saber mais sobre o "Oyéresu" (plural de Oyarses criado por Lewis) e sua relação com a alegoria como definida em *A alegoria do amor*, ele escreveu, provavelmente pouco depois da conversa com Tolkien, para C. C. J. Webb, ex-professor de filosofia da religião cristã. O professor Webb ficou fascinado com os problemas medievais e, em sua resposta de 31 de outubro de 1931 (ainda no exemplo do livro que pertenceu a Lewis), ele ressaltou que "Oyarses" era uma corruptela de *Ousiarches*, como se encontra no *Asclepius* (xix), do Pseudo-Apuleius. Aqueles que leram *A alegoria do amor* encontrarão uma menção à dívida do autor a Webb no apêndice de "Gênio e Gênio". E aqueles que não tiveram, presumivelmente, conheceram as Inteligências ou os Arcanjos planetários maravilhosamente imaginados por Lewis em *Além do planeta silencioso*. De fato, no capítulo XXII, sob o disfarce da ficção, há referências específicas aos Oyarses de Bernardo, bem como a um C. J., que é, claro, C. C. J. Webb.

A conclusão de *A alegoria do amor*, em 1935, coincidiu quase exatamente com a descoberta de *Voyage to Arcturus* [Viagem para Arcturus] (1920), de David Lindsay. A maioria das pessoas fica desconcertada com a história assustadora e profana de Lindsay. O próprio Lewis pensou estar na fronteira do diabólico, mas ficou imensamente grato pelo que aprendeu com o livro. Escrevendo para a poeta Ruth Pitter, em 4 de janeiro de 1947, ele disse: "De Lyndsay aprendi primeiramente para que outros planetas na ficção são realmente bons; para aventuras *espirituais*. Só eles podem satisfazer o desejo ardente que envia nossa imaginação para fora da Terra. Ou, dito de outra forma, nele eu vi pela primeira vez os ótimos resultados produzidos pela união dos tipos de ficção até então mantidos separados: o estilo de Novalis, do tipo de G. MacDonald e James Stephens, e o estilo de H. G. Wells e Júlio Verne. Minha dívida para com ele é muito grande".

Posso ouvir as vozes estridentes de alguns para quem Lewis se tornou um "tema" em vez de um excelente contador de histórias ao lembrar que ele pagou outros tributos ao livro de Lindsay e que citou *outros* motivos para escrever o primeiro livro de suas histórias interplanetárias. Bem, ele o fez. Mas, em minha opinião, isso só confirma o que ele escreveu em "Tudo começou com uma imagem..." sobre a inspiração por trás de sua ficção. "Eu não acredito", Lewis disse, "que alguém saiba exatamente como 'se inventa coisas'. Inventar é uma coisa muito misteriosa. Quando você 'tem uma ideia', consegue dizer a alguém exatamente *como* pensou nisso?"

O erro é supor que Lewis estava sob o juramento mais imperioso de dizer "exatamente como aconteceu", depois de já ter confessado que não pode falar com tanta precisão. É claro que, quando tentou explicar os diferentes impulsos que entraram em seu ato de escrever histórias, um fator parecia especialmente vívido em um momento, outro especialmente

Prefácio

vívido em outro, todos eles lançando luz sobre esse misterioso processo de "inspiração". É melhor vê-los como partes de um todo, e não como contradições entre si.

Por exemplo: ao responder às perguntas de Roger Lancelyn Green sobre o que o levou a escrever *Além do planeta silencioso*, Lewis disse, em uma carta de 28 de dezembro de 1938: "O que imediatamente me estimulou a escrever foi *Last and First Men* [Primeiros e últimos homens], de Olaf Stapledon, e um ensaio ["The Last Judgement" (O último julgamento)] no livro *Possible Worlds* [Mundos possíveis], de J. B. S. Haldane, os quais parecem levar a sério tanto a ideia de tais viagens como as perspectivas desesperadamente imorais que eu tentei colocar em Weston. Eu gosto de pensar em toda a ideia planetária como uma *mitologia*, e simplesmente queria conquistar para meu próprio ponto de vista (cristão) o que sempre foi usado pelo lado oposto."

Mais luz é derramada por sua resposta à Irmã Penélope, em 9 de agosto de 1939, na qual ele escreveu:

> O que me fez escrever o livro foi a descoberta de que um aluno meu levou muito a sério todo o sonho de colonização interplanetária e a percepção de que milhares de pessoas, de uma forma ou de outra, dependem de alguma esperança de perpetuar e melhorar a espécie humana em busca do sentido completo do universo — uma esperança "científica" de derrotar a morte é um verdadeiro rival para o cristianismo [...]. Eu acredito que essa profunda ignorância pode ser uma ajuda para a evangelização

da Inglaterra: quaisquer ideias teológicas podem ser contrabandeadas para dentro da mente das pessoas sob o disfarce de um romance sem que elas percebam.

Com exceção de suas obras acadêmicas, Lewis nunca escreveu mais do que um simples rascunho de seus romances, o que, de fato, sugere que as histórias foram trabalhadas em sua cabeça antes de serem passadas para o papel. E parece, neste caso, que a motivação final que produzia as primeiras palavras na página era uma espécie de barganha ou aposta que ele fez com Tolkien no início de 1937. Escrevendo sobre isso alguns anos depois, Tolkien lembrou: "Lewis me disse certo dia: 'Tollers, há muito pouco do que realmente gostamos em histórias. Receio que nós mesmos vamos ter de escrever algumas'."[10] Tolkien não completou a história que começou, mas Lewis manteve sua parte no negócio e, em algum momento entre a primavera e o outono de 1937, ele escreveu *Além do planeta silencioso*. Lewis me disse que não previa, naquele momento, seus outros romances de ficção científica. No entanto, não demorou muito antes que outras "imagens" começassem a se formar em sua mente, resultando em *Perelandra* (1943) e *Uma força medonha* (1945), que compõem sua trilogia cósmica. A impetuosa atração exercida sobre ele por "outros mundos" havia sido resolvida. Sobre isso, ele escreveu mais tarde: "Meus próprios romances planetários não foram tanto a gratificação dessa feroz curiosidade quanto seu exorcismo".

---

[10] Humphrey Carpenter, *The Inklings* [Os Inklings] (1978), cap. IV.

Prefácio

E foi assim que Lewis saiu da prisão do "realismo". Não por uma ousadia autoconsciente ou uma tentativa de originalidade, mas escrevendo o que lhe foi dado a dizer. Havia, na ocasião, o esperado alvoroço sobre um medievalista distinto prostituindo seus talentos e seu excelente aprendizado no campo altamente suspeito da ficção científica. Mas essa contribuição significativa para a nova mitologia trazia um peso interno de que nenhum dos chamados realistas até ali havia se atrevido a tratar. E, na verdade, por trás de tudo isso estava o desejo de um menino de brincar no mundo imaginário de Boxen. Mais uma vez, vindo de muitos anos, era como se Boxen estivesse voltando para ele. Certamente, o desejo de construir esses "outros mundos" o havia agarrado agora como nunca antes, e veio, necessariamente, trazendo glória atrás de si.

O caminho agora estava aberto para Nárnia, aquele amado transbordar de caridade eterna. Traço típico de Lewis, a "infantilidade" desses livros foi apresentada sem desculpas. No quarto ensaio do presente livro, escrito em 1952, Lewis disse: "Quando eu tinha dez anos, lia contos de fadas escondido, e teria me envergonhado se tivesse sido pego fazendo isso. Agora que tenho cinquenta anos, eu os leio abertamente. Quando me tornei homem, deixei de lado as coisas infantis, incluindo o medo da infantilidade e o desejo de ser muito adulto". Os ensaios que se seguem certamente são evidência disso.

É um prazer registrar minha gratidão a Owen Barfield e à Dra. Barbara Reynolds pelos muitos conselhos valiosos sobre a edição deste livro. Devo salientar que, exceto pelos capítulos primeiro, quarto, quinto, sexto, sétimo, oitavo, nono, décimo nono e vigésimo, que apareceram em *Of Other Worlds* todos os outros são publicados em forma de livro aqui pela primeira vez.

"Sobre histórias" foi publicado pela primeira vez em *Essays Presented to Charles Williams* [Ensaios apresentados a Charles Williams], em 1947. Foi originalmente lido, de forma um pouco mais completa, para uma sociedade literária de graduação do Merton College, em 14 de novembro de 1940, como "The Kappa Element in Romance" [O elemento *kappa* no romance]. *Kappa* é tirado de κρυπτόν e significa o "elemento oculto".

"Os romances de Charles Williams" foi escrito a pedido da British Broadcasting Corporation (BBC), e Lewis leu-o no Third Programme da BBC em 11 de fevereiro de 1949. Nunca foi publicado antes e, de fato, não havia sido detectado nos arquivos escritos da BBC até que eu o encontrei por acidente em 1980. Estou em dívida com a BBC pela permissão para publicá-lo aqui.

Os romances de E. R. Eddison — *The Worm Ouroboros* [O verme Ouroboros] (1922), *Styrbion the Strong* [Styrbion, o forte] (1926), *Mistress of Mistresses* [Ama de amas] (1935), *A Fish Dinner in Memison* [Um jantar de peixe em Memison] (1941) e o póstumo *Mezentian Gate* [O portão mezentiano] (1958) — se tornariam parte indispensável da biblioteca de Lewis após ele ter conhecido *The Worm Ouroboros* em 1942. Isso levou a uma amizade entre os dois homens, e pode ter sido o entusiasmo arrebatador de Lewis pelos romances de Eddison que levou à publicação deles em Nova York,

Prefácio

em 1968. Embora desejássemos que fosse mais longo, "Um tributo a E. R. Eddison" (escrito alguns anos antes de ser impresso na sobrecapa de *The Mezentian Gate*) é muito bom para ser ignorado e, por essa razão, é reproduzido aqui.

"Sobre três modos de escrever para crianças" foi lido para a Associação de Bibliotecas e publicado em seus *Proceedings, Papers, and Summaries of Discussions at the Bournemouth Conference 29th April to 2nd May 1952* [Procedimentos, documentos e resumos de discussões na Conferência de Bournemouth, de 29 de abril a 2 de maio de 1952].

"Por vezes, os contos de fadas podem dizer da melhor maneira o que deve ser dito" apareceu pela primeira vez em *The New York Times Book Review* de 18 de novembro de 1956.

"Sobre gostos juvenis" é reimpresso do *Church Times, Children's Book Supplement* [Suplemento de livro infantil do Church Times], de 28 de novembro de 1958.

"Tudo começou com uma imagem..." é reimpresso aqui, extraído do *Radio Times* de 15 de julho de 1960.

"Sobre ficção científica", uma palestra dada ao Clube de Inglês da Universidade de Cambridge em 24 de novembro de 1955, foi publicado pela primeira vez em *Of Other Worlds*, assim como "Uma resposta ao professor Haldane", que é uma réplica "Auld Hornie, F. R. S.", artigo do professor J. B. S. Haldane, publicado no *Modern Quarterly* [Trimestral moderno] no outono de 1946, no qual ele critica a trilogia de ficção científica de Lewis. O professor Haldane, biólogo teórico, era ao mesmo tempo um marxista desiludido e violentamente anticristão. Não pensei que fosse necessário reimprimir o artigo de Haldane, pois Lewis deixa o argumento bem claro. Além disso, o valor principal da resposta de Lewis não está em sua natureza polêmica, mas na valiosa luz que ele lança sobre os próprios livros.

"*O Hobbit*" é a resenha de Lewis para o livro de mesmo título de seu amigo Tolkien, retirada do suplemento literário do *Times* de 2 de outubro de 1937.

"*O Senhor dos Anéis*, de Tolkien" é a combinação de duas resenhas sobre a grande trilogia de Tolkien. A primeira parte apareceu como "The Gods Return to Earth" [Os deuses voltam à Terra] em *Time and Tide*, em 14 de agosto de 1954, e a segunda foi publicada como "The Dethronement of Power" [O destronamento do poder], também em *Time and Tide*, em 22 de outubro de 1955. O professor Tolkien me disse que ele estava lendo várias genealogias e apêndices para Lewis muito antes de qualquer história escrita. Os interesses de Lewis, ele me disse, eram principalmente sobre os aspectos da Terra Média, e foi seu amigo C. S. Lewis, ou "Jack", que o encorajou a escrever uma história com eles. "Você conhece Jack", ele me disse. "Ele tinha de ter uma história! E esta história — *O Senhor dos Anéis* — foi escrita para mantê-lo quieto!" É, como deveria ser, um tributo generoso e expressivo.

Quando sua amiga Dorothy L. Sayers morreu, em dezembro de 1957, Lewis foi convidado a escrever um panegírico para o culto em memória a ser realizado para ela na igreja de St. Margaret, em Londres, em 15 de janeiro de 1958. Lewis não conseguiu ir ao culto, e seu texto foi lido pelo Lorde Bispo de Chichester (George Bell). Após a morte de Lewis, eu fui um dos que começaram a procurar o panegírico inédito — um texto que parecia determinado a não ser descoberto. Na verdade, somente quando este livro estava prestes a ser impresso que o filho de Dorothy, Anthony

Prefácio

Fleming, veio em meu socorro com o manuscrito bastante confuso que tinha sido feito para que o bispo lesse. Então, glória das glórias, uma busca adicional descobriu a "coisa real". Por fim, o melhor foi o dia em que o Sr. Fleming e eu nos sentamos no salão do Athenaeum Club em Londres, lendo o manuscrito original, o que Lewis lhe havia entregue depois do culto em memória. Estou profundamente grato ao Sr. Fleming por ter resolvido o que sua talentosa mãe teria chamado de "O caso do panegírico desaparecido", e espero que ele venha a ser tão agradável agora que foi *encontrado* quanto o foi desejado quando perdido.

"O dom mitopeico de Rider Haggard" é o título que dei para a resenha que Lewis fez da biografia de Morton Cohen de autoria de Haggard. Apareceu sob o título "Haggard Rides Again" [Haggard cavalga novamente] em *Time and Tide*, de 3 de setembro de 1960.

"George Orwell" é tomado de *Time and Tide* de 8 de janeiro de 1955.

"A morte de palavras" foi originalmente publicado em *The Spectator* [O espectador], em 22 de setembro de 1944.

"O Pártenon e o optativo" foi o título dado por Lewis ao ensaio sem título na seção "Notes on the Way" [Notas sobre o caminho], de *Time and Tide*, em 11 de março de 1944.

"Critica de época" foi o título dado por Lewis para o ensaio em "Notes on the Way", *Time and Tide*, em 9 de novembro de 1946.

"Diferentes gostos na literatura" é o título que eu dei a "Notes on the Way" de Lewis, que foi publicado em duas partes no *Time and Tide* de 25 de maio de 1946 e de 1º de junho de 1946.

"Sobre a crítica", escrito quase ao fim da vida do autor, foi publicado primeiramente em *Of Other Worlds*.

"Propriedades irreais" é uma conversa informal sobre ficção científica entre Lewis, Kingsley Amis e Brian Aldiss. Foi gravada em fita por Brian Aldiss nas salas de Lewis no Magdalene College, em Cambridge, em 4 de dezembro de 1962. Foi publicado pela primeira vez como "The Establishment Must Die and Rot..." [O *establishment* deve morrer e apodrecer...] em *SF Horizons*, na primavera de 1964, e mais tarde como "Unreal Estates" [Propriedades irreais] em *Encounter*, em março de 1965.

Os leitores devem saber que a pessoa a quem este livro é dedicado é Lady Collins, da Collins Publishers, em Londres. A ideia de fazer a coleção foi dela, e, quando os curadores do espólio de Lewis souberam dos planos dela de se aposentar em outubro de 1981, pareceu-lhes correto dedicar o livro a ela. Lady Collins esteve durante muitos anos encarregada da divisão de livros religiosos da Collins, e foi principalmente por meio da série *Fontana* que ela apresentou C. S. Lewis à maioria dos que agora o leem. Em minha longa amizade com Lady Collins, encontrei tanto para admirar que todos os esforços para louvá-la não são suficientes. O autor de Provérbios expressou-se muito melhor ao dizer: "Deixe suas próprias obras louvarem-na".[11]

WALTER HOOPER
Oxford

---

[11] Adaptação de Provérbios 31:31. [N. E.]

CAPÍTULO | 1

Sobre histórias

É impressionante quão pouca atenção os críticos têm dado à História[1] considerada em si mesma. Por certo, tem havido abundante discussão sobre a história, o estilo em que ela deve ser contada, a ordem em que deve ser disposta e (acima de tudo) sobre a delineação dos personagens. Mas a História em si, a série de acontecimentos imaginados, é quase sempre ignorada ou tratada exclusivamente como meio de fornecer oportunidades para a delineação de um personagem. Há, na verdade, três exceções notáveis. Aristóteles, em *Poética*, construiu uma teoria da tragédia grega que coloca a História no centro e relega o personagem a um lugar estritamente subordinado. Na Idade Média e no início do Renascimento, Boccaccio e outros desenvolveram uma teoria alegórica da História para explicar os mitos antigos. E, em nossos dias, Jung e

---

[1] Lewis distingui no texto "História" e "história", essa distinção deliberada será mantida em português por se tratar de um recurso significativo usado pelo autor. [N. E.]

31

seus seguidores produziram sua doutrina sobre arquétipos. Fora essas três tentativas, o assunto ficou quase intocado, e isso teve um resultado curioso. As formas de literatura em que a História existe meramente como meio para outra coisa — por exemplo, o romance de costumes, em que a história existe por causa dos personagens, ou a crítica das condições sociais — lhes fizeram justiça plena; mas as formas em que tudo existe por causa da história receberam pouca atenção séria. Não somente foram desprezadas, como se fossem adequadas apenas para crianças, mas, em minha opinião, mesmo o tipo de prazer que elas dão foi mal interpretado. É essa segunda injustiça que estou mais ansioso para remediar. Talvez o prazer da História esteja tão mal na escala porque a crítica moderna o pôs ali. Eu mesmo não penso assim, mas, neste ponto, podemos concordar em divergir. Permitam-nos, no entanto, tentar ver claramente que tipo de prazer é; ou, em vez disso, que diferentes tipos de prazer podem ser. Pois eu suspeito que uma pressuposição muito apressada foi feita sobre esse assunto. Eu penso que livros que são lidos apenas "pela história" podem ser apreciados de duas maneiras muito diferentes. É em parte uma divisão entre livros (algumas histórias só podem ser lidas em um espírito e algumas em outro) e, em parte, uma divisão entre leitores (a mesma história pode ser lida de maneiras diferentes).

O que, finalmente, convenceu-me dessa distinção foi uma conversa que tive alguns anos atrás com um inteligente aluno americano. Estávamos falando sobre os livros com que nos havíamos deleitado na infância. Seu favorito tinha sido escrito por Fenimore Cooper, a quem (de fato) eu nunca havia lido. Meu amigo descreveu uma cena particular em que o herói estava meio dormindo perto da fogueira do bivaque na floresta enquanto um pele-vermelha com um machado indígena, a suas costas, silenciosamente rastejava em direção a ele. Ele se lembrava da empolgação de tirar o fôlego com que havia lido a passagem, o agonizante suspense com que se perguntou se o herói iria acordar a tempo ou não. Mas eu, lembrando os grandes momentos de minhas primeiras leituras, senti-me bastante certo de que meu amigo estava deturpando sua experiência e, de fato, deixando de lado o que realmente importava. "Com toda a certeza", pensei, "não foi a grande empolgação, o suspense, que o fez voltar vez após vez a Fenimore Cooper". Se ele realmente quisesse isso, qualquer outro "sangue de menino" também serviria. Tentei colocar meu pensamento em palavras. Perguntei-lhe se ele estava certo de não estar exagerando na ênfase e falsamente isolando a importância do perigo simplesmente como um perigo. Pois, embora eu nunca tivesse lido Fenimore Cooper, havia gostado de outros livros sobre os pele-vermelhas. E eu sabia que o que eu queria deles não era apenas "empolgação". Perigos, é claro, devia haver: de que outra maneira você pode manter uma história fluindo? Mas eles devem ser (no mesmo espírito que levou alguém a um livro assim) perigos de pele-vermelhas. O "pele-vermelhismo" era o que realmente importava. Em uma cena como meu amigo descreveu: tire as penas, os ossos da face proeminentes, as calças grossas, substitua um machado indígena por uma pistola, e o que sobraria? Pois eu não queria só o suspense momentâneo, mas o mundo todo ao qual ele pertencia: a neve e os calçados para neve, castores e canoas, jornadas de guerra e *wigwams*, e os nomes de Hiawatha.

Assim pensei eu; e então veio o choque. Meu aluno é um homem de mente esclarecida, e ele logo viu o que eu quis dizer e também viu o quanto sua vida imaginativa de menino diferia totalmente da minha. Ele respondeu que estava perfeitamente certo de que nada disso fazia parte de seu prazer. Ele nunca se importara um tostão com isso. Na verdade — e isso realmente me fez sentir como se estivesse falando com um visitante de outro planeta —, na medida em que ele vagamente se tornava consciente de "tudo isso", ele se ressentia disso como uma distração da questão principal. Ele teria, se houvesse possibilidade, preferido ao pele-vermelha um perigo mais comum, como um criminoso com um revólver.

Para aqueles cujas experiências literárias são como as minhas, a distinção que estou tentando fazer entre dois tipos de prazer provavelmente ficará bastante clara a partir deste exemplo. Mas, para torná-la duplamente clara, vou adicionar outro elemento. Certa vez, fui levado para ver uma versão cinematográfica de *As minas do rei Salomão*. De seus muitos pecados — sem falar da introdução de uma jovem mulher totalmente irrelevante, de bermuda, que acompanha os três aventureiros aonde quer que vão — apenas um aqui nos diz respeito. No final do livro de Haggard, como todos lembram, os heróis estão aguardando a morte sepultados em uma câmara na

Sobre histórias

rocha e cercados pelos reis mumificados daquela terra. O realizador da adaptação cinematográfica, no entanto, aparentemente pensou que isso era muito inofensivo. Ele substituiu por uma erupção vulcânica subterrânea, e depois fez algo ainda melhor, adicionando um terremoto. Talvez não devamos culpá-lo. Talvez a cena no original não fosse "cinematográfica" e o homem estivesse certo, pelos cânones de sua própria arte, em alterá-la. Mas teria sido melhor não ter escolhido, em primeiro lugar, uma história que poderia ser adaptada à tela apenas se fosse arruinada. Arruinada, pelo menos, para mim.

Não há dúvida de que, se empolgação é tudo o que você quer de uma história, e se o aumento dos perigos aumentar a empolgação, então, uma rápida sucessão de dois riscos (o de ser queimado vivo e o de ser reduzido a migalhas) seria melhor do que o único prolongado perigo de morrer de fome em uma caverna. Mas esse é exatamente o ponto. Deve haver um prazer nessas histórias distinto da mera empolgação ou eu não deveria sentir que fui enganado por ter o terremoto em vez da cena real de Haggard. O que perco é todo o sentido de ser mortal (coisa bastante diferente do simples perigo de morte) — o frio, o silêncio e os rostos circundantes dos antigos, coroados e entronizados mortos. Você pode, se quiser, dizer que o efeito produzido por Rider Haggard é bastante "grosseiro", ou "vulgar", ou "sensacional" naquilo em que o filme o substituiu. No momento, não estou discutindo isso. O ponto é que são extremamente diferentes. Um coloca um silencioso feitiço sobre a imaginação; o outro provoca um rápido alvoroço

Sobre histórias

dos nervos. Ao ler esse capítulo do livro, a curiosidade ou o suspense sobre a fuga dos heróis de sua armadilha de morte formam a parte muito menor da experiência de alguém. Da armadilha eu me lembro para sempre; como eles saíram, esqueci há muito tempo.

Parece-me que, ao falar de livros que são "meras histórias" — isto é, livros que se preocupam principalmente com o acontecimento imaginado, e não com personagem ou sociedade —, quase todo mundo pressupõe que a "empolgação" é o único prazer que eles sempre proporcionam ou sempre deveriam proporcionar. A *empolgação*, nesse sentido, pode ser definida como a alternância entre tensão e o apaziguamento da ansiedade imaginada. Isso é o que eu penso ser falso. Em alguns desses livros, e para alguns leitores, há outro fator a considerar.

Para colocá-lo no nível mais baixo, eu sei que outro fator entra em jogo para, pelo menos, um leitor: eu mesmo. Preciso ser autobiográfico nesse ponto visando ser comprobatório. Aqui está um homem que gastou mais horas do que se lembra lendo romances e recebeu mais prazer deles do que deveria. Conheço a geografia de Tormance melhor que a de Tellus. Tive mais curiosidade sobre as viagens de Uplands para Utterbol e de Morna Moruna para Koshtra Belorn do que sobre as registradas por Hakluyt. Embora eu visse as trincheiras diante de Arras, eu não podia falar nelas tão taticamente quanto sobre a muralha grega, Escamandro e o portão de Troia. Como historiador social, sinto-me mais seguro no Toad Hall e na Wild Wood, ou com os selenitas habitantes de cavernas, ou na corte de Hrothgar, ou de Vortigern do que em Londres, Oxford e Belfast. Se amar História é amar a empolgação, então devo ser o maior amante de empolgação vivo.

Mas o fato é que aquele que é chamado de o romance mais "empolgante" do mundo, *Os três mosqueteiros*, não me atrai em nada. A falta total de atmosfera me repele. Não há nenhum país no livro — salvo como um armazém de pousadas e emboscadas. Não há clima. Quando eles cruzam Londres, não há a sensação de que Londres seja diferente de Paris. Não há um momento de descanso das "aventuras": os personagens estão sempre, impiedosamente, em trabalho árduo. Tudo isso não significa nada para mim. Se isso é o que significa romance, então tenho aversão por romance e prefiro grandemente George Eliot ou Trollope. Ao dizer isto, não estou tentando criticar *Os três mosqueteiros*. Eu acredito no testemunho de outros de que é uma história importante. Estou certo de que minha própria incapacidade de gostar disso é um defeito e um infortúnio. Mas esse infortúnio é evidência. Se um homem sensível, e talvez hipersensível, a romance gosta menos do romance que, segundo o senso comum, é o mais "empolgante" de todos, segue-se, então, que a "empolgação" não é o único tipo de prazer a se obter do romance. Se um homem ama vinho e, no entanto, odeia um dos vinhos mais fortes, seguramente a fonte única de prazer que ele tem no vinho não pode ser o álcool.

Se eu estou sozinho nessa experiência, então, com certeza, o presente ensaio é de interesse meramente autobiográfico. Mas tenho certeza de que não estou absolutamente

Sobre histórias

sozinho. Eu escrevo sobre a possibilidade de que alguns outros sintam o mesmo e na esperança de que eu possa ajudá-los a esclarecer as próprias sensações.

No exemplo de As *minas do rei Salomão*, o produtor do filme substituiu, no ponto culminante, um tipo de perigo por outro e, desse modo, para mim, arruinou a história. Mas, onde a empolgação é a única coisa que importa, o tipo de perigo deve ser irrelevante. Somente os graus de perigo serão importantes. Quanto maior o perigo e quanto mais difícil a fuga do herói, mais emocionante será a história. Mas, quando nos preocupamos com "algo mais", não é assim que funciona. Diferentes tipos de perigo produzem acordes diferentes na imaginação. Mesmo na vida real, diferentes tipos de perigo produzem diferentes tipos de medo. Pode-se chegar a um ponto em que o medo é tão grande que tais distinções desapareçam, mas isso é outro assunto. Há um medo que é irmão gêmeo da admiração, como aquele que o homem em tempo de guerra sente quando ouve o primeiro som das armas; há um medo que é irmão gêmeo da aversão, como aquele que o homem sente ao encontrar uma cobra ou um escorpião no quarto. Há medos tensos e vibrantes (por uma fração de segundo dificilmente distinguíveis de uma espécie de emoção prazerosa) que um homem pode sentir num cavalo perigoso ou num mar perigoso; e, novamente, medos mortais, esmagadores, arrasadores, atordoantes, como quando pensamos que temos câncer ou cólera. Há também medos que não ocorrem por causa de *perigo*: como o medo de algum inseto grande e horrível, embora inócuo, ou o medo de fantasma.

Tudo isso ocorre, mesmo na vida real. Mas, na imaginação, em que o medo não se eleva ao nível do terror abjeto e não é descarregado em ação, a diferença qualitativa é muito mais forte. Nunca me lembro de um momento em que isso não estivesse, por mais vago que fosse, presente em minha consciência. *Jack, o matador de gigantes* não é, em essência, apenas a história de um herói inteligente que supera o perigo. É, em essência, a história de um herói vencendo o *perigo dos gigantes*. É bastante fácil inventar uma história em que, embora os inimigos sejam de tamanho normal, as chances contra Jack sejam igualmente grandes. Mas será uma história bastante diferente. Toda a qualidade da resposta imaginativa é determinada pelo fato de que os inimigos são gigantes. Esse peso, essa monstruosidade, essa bizarria paira sobre tudo. Aplique isso à música, e você sentirá a diferença de imediato. Se o vilão é um gigante, sua orquestra proclamará a entrada dele de uma maneira; se for outro tipo de vilão, de outra. Eu vi paisagens (nomeadamente nas montanhas Mourne) que, sob uma luz específica, me fizeram sentir que, a qualquer momento, um gigante poderia elevar a cabeça sobre o próximo cume. A natureza tem algo nela que nos obriga a inventar gigantes, e apenas gigantes surgirão. (Observe que Gawain estava no limite noroeste da Inglaterra quando *surgiram* gigantes atrás dele nas altas colinas rochosas. Será acidental Wordsworth estar nesses mesmos lugares quando ouviu "discretas respirações vindo detrás dele"?) A periculosidade dos gigantes é, embora importante, secundária. Em alguns contos

Sobre histórias

populares, encontramos gigantes que não são perigosos. Mas eles ainda nos afetam da mesma maneira. Um gigante *bom* é legítimo, mas ele seria um oximoro vivo de vinte toneladas, fazendo a terra tremer. A pressão insuportável, a sensação de algo mais antigo, mais selvagem e mais terreno do que a humanidade ainda abririam caminho para ele.

Mas vamos descer a uma instância inferior. Por acaso os piratas, mais do que os gigantes, existem apenas para ameaçar o herói? Esse veleiro que está rapidamente nos ultrapassando pode ser um inimigo comum: um Don ou um francês. O inimigo comum pode facilmente ser tornado tão letal quanto o pirata. No momento em que a bandeira pirata é hasteada, o que exatamente isso faz com a imaginação? Significa, posso garantir-lhe, que se formos derrotados não haverá clemência. Mas isso poderia ser elaborado sem pirataria. O mero aumento de perigo não é o xis da questão. É o retrato integral do inimigo totalmente sem lei, os homens que se apartaram de toda a sociedade humana e se tornaram, por assim dizer, uma espécie própria — homens vestidos de modo estranho, homens sombrios com brincos, homens com um passado conhecido somente por eles, senhores de tesouros não especificados em ilhas não descobertas. Eles são, de fato, para o jovem leitor, quase tão mitológicos quanto os gigantes. Não lhe parece que um homem — um mero homem, como o resto de nós — pode ser pirata em um momento da vida e não em outro, ou que há uma fronteira sombria entre a pirataria e a guerra de corso. Um pirata é um pirata, assim como um gigante é um gigante.

Considere, novamente, a enorme diferença entre ser expelido e ser confinado; se preferir, entre agorafobia e claustrofobia. Em *As minas do rei Salomão*, os heróis foram confinados; então, mais terrivelmente, o narrador imaginou estar em *O enterro prematuro*, de Poe. Sua respiração falha enquanto você lê. Agora, lembre-se do capítulo chamado "O Sr. Bedford sozinho", do livro *Os primeiros homens da Lua*, de H. G. Wells. Bedford encontra-se na superfície da Lua enquanto o longo dia lunar está chegando ao fim — e, com o dia, vão-se o ar e todo o calor. Leia a partir do momento terrível em que o primeiro floco de neve o desperta para a percepção de sua posição abaixo do ponto em que ele alcança a "esfera" e é salvo. Então, pergunte se o que você sentiu foi simplesmente suspense. "Sobre mim, ao meu redor, aproximando-se de mim, abraçando-me cada vez mais perto estava a Eterna [...] a infinita e final noite do espaço." Essa é a ideia que manteve você fascinado. Mas, se nos preocupássemos apenas com a questão de saber se o Sr. Bedford viverá ou congelará, essa ideia fica um tanto além do propósito. Você pode morrer de frio entre a Polônia russa e a nova Polônia, assim como ao ir à Lua, e a dor será igual. Com a finalidade de matar o Sr. Bedford, "a infinita e final noite do espaço" é quase inteiramente inútil: pelos padrões cósmicos, uma mudança infinitesimal de temperatura é suficiente para matar um homem, e o zero absoluto não pode fazer nada além disso. Aquela escuridão exterior sem ar não é importante pelo que ela pode fazer com Bedford, mas pelo que ela faz conosco: incomoda-nos com o velho medo que Pascal tinha daqueles silêncios eternos que têm corroído tanta fé religiosa e despedaçado tantas esperanças humanistas; evoca com eles e por meio deles todas as nossas memórias raciais e infantis de exclusão e desolação; apresenta, de fato, como intuição, um aspecto permanente da experiência humana.

E, espero, chegamos a uma das diferenças entre a vida e a arte. Um homem que estivesse de fato na posição de Bedford provavelmente não sentiria muito a solidão sideral. A questão imediata da morte expulsaria o objeto contemplativo de sua mente: ele não teria interesse em muitos graus de frio cada vez maior do que naquele que tornaria sua sobrevivência impossível. Esta é uma das funções da arte: apresentar o que as perspectivas estreitas e desesperadamente práticas da vida real excluem.

Às vezes, perguntei-me se a "empolgação" pode, na verdade, ser um elemento realmente hostil à imaginação mais profunda. Em romances inferiores, como os das revistas americanas com suplementos de "cientificção", muitas vezes encontramos uma ideia realmente sugestiva. Mas o autor não tem nenhum recurso para manter a história em movimento, exceto o de colocar seu herói em perigo violento. Na pressa e na correria de suas fugas, a poesia da ideia básica é perdida. Em um grau muito mais suave, acho que isso aconteceu com o próprio Wells em *A guerra dos mundos*. O que realmente importa nessa história é a ideia de ser atacado por algo completamente "exterior". Como em *Piers Plowman*, a destruição vem sobre nós "dos planetas". Se os invasores marcianos são apenas perigosos — se ficamos preocupados principalmente com o fato de que eles podem nos matar —, ora, então, um ladrão ou um bacilo podem fazer o mesmo. O centro real do romance é descoberto quando o herói olha a primeira vez para o projétil caído havia pouco em Horsell Common. "O metal branco-amarelado que raiava na fenda entre a tampa e o cilindro tinha uma coloração exótica. 'Extraterrestre' não significava nada para a maioria dos espectadores." Mas *extraterrestre* é a palavra-chave de toda a história. E nas histórias de horror mais recentes, por mais excelentes que sejam, perdemos a sensação disso. Da mesma forma, no *Sard Harker*, do poeta laureado John Masefield, é a jornada pelas Sierras que realmente interessa. O homem que ouviu esse barulho no *cañon* — "Ele não conseguia pensar no que era. Não era triste, nem alegre, nem terrível. Era grande e estranho. Era como a rocha falando" —, esse homem estaria mais tarde em perigo de mero assassinato, mas isso é quase uma impertinência.

É aqui que Homero mostra sua suprema excelência. O desembarque na ilha de Circe, a visão da fumaça subindo do meio daqueles bosques inexplorados, o deus que nos encontra ("o mensageiro, o matador de Argus") — que anticlímax se tudo isso tivesse sido o prelúdio apenas para algum risco comum de vida ou ferimento! Mas o perigo que se esconde aqui, a mudança silenciosa, indolor e insuportável em brutalidade, é digno do cenário. Walter de la Mare também superou a dificuldade. A ameaça lançada nos primeiros parágrafos de suas melhores histórias raramente é cumprida em qualquer acontecimento identificável, e é ainda menos dissipada. Nossos medos nunca foram, em certo sentido, percebidos; ainda assim, deixamos a história sentindo que eles, e muito mais, foram justificados. Mas talvez a conquista mais notável desse tipo seja *Voyage to Arcturus*, de David Lindsay. O leitor experiente, notando as ameaças e promessas do capítulo de abertura, mesmo que desfrute delas com gratidão, tem certeza de que não podem ser realizadas. Ele reflete que, em histórias desse tipo, o primeiro capítulo é quase sempre o melhor, e reconcilia-se com o desapontamento; Tormance, quando lá chegarmos, ele adverte, será menos interessante do que Tormance visto da Terra. Mas tal leitor estará mais enganado do que nunca. Sem uma habilidade especial ou mesmo qualquer apelo sonoro na linguagem, o autor nos convida a subir uma escada de imprevisibilidades. Em cada capítulo pensamos que encontramos sua posição final; a cada vez somos completamente enganados. Ele constrói mundos inteiros de imagens e entusiasmo — qualquer um dos quais teria servido a outro escritor para um livro inteiro —, apenas para despedaçar cada um deles e desprezá-los. Os perigos físicos, que são abundantes, aqui não contam para nada: somos nós mesmos e o autor que atravessamos um mundo de perigos espirituais que fazem aqueles parecerem triviais. Não há receita para escrever desse modo. Mas parte do segredo é que o autor (como Kafka) está registrando uma dialética vivida. Tormance é uma região do espírito. Ele foi o primeiro escritor a descobrir que "outros planetas" são realmente bons para ficção interior. Nenhuma estranheza meramente física ou distância apenas espacial perceberá essa ideia de alteridade, que é o que estamos sempre tentando entender em uma história sobre viajar pelo espaço: você deve entrar em outra dimensão. Para construir "outros mundos" plausíveis e ativos, você deve se basear no único "outro mundo" real que conhecemos: o do espírito.

Observe aqui o corolário. Se algum progresso fatal da ciência aplicada nos permitir de fato alcançar a Lua, essa jornada real não satisfará em nada o impulso que agora procuramos gratificar ao escrever essas histórias. A Lua real, se você a puder alcançar e nela sobreviver, seria, em um sentido profundo e mortal, como qualquer outro lugar. Você encontraria frio, fome, dificuldades e perigo; e, depois das primeiras horas, eles seriam *simplesmente* frio, fome, dificuldades e perigo, como encontrados na Terra. E a morte seria simplesmente a morte entre aquelas crateras esbranquiçadas, como é a morte em uma casa de repouso em Sheffield.

Nenhum homem acharia uma estranheza permanente na Lua, a menos que fosse o tipo de homem que poderia encontrá-la no próprio quintal. "Aquele que trará para casa a riqueza das Índias deve levar as riquezas das Índias consigo."[2]

Boas histórias muitas vezes apresentam o maravilhoso ou o sobrenatural, e nada sobre Histórias tem sido tão

---

[2] A frase é baseada em um provérbio espanhol, provavelmente retirado do livro de James Boswell, *Life of Samuel Johnson* [A vida de Samuel Johnson], adaptado por Johnson: "Aquele que trará para casa a riqueza das Índias deve levar as riquezas das Índias consigo; assim como em viagens, um homem deve carregar conhecimento consigo se quiser trazer conhecimento para casa." [N. E.]

frequentemente incompreendido como isso. Assim, por exemplo, o Dr. Johnson, se bem me lembro, pensava que as crianças gostavam de histórias de coisas maravilhosas porque eram muito ignorantes para saber que as histórias eram impossíveis. Mas as crianças nem sempre gostam delas, e nem sempre os que o fazem são crianças; e, para apreciar a leitura sobre fadas — muito mais sobre gigantes e dragões — não é necessário acreditar nelas. Acreditar é, na melhor das hipóteses, irrelevante; pode ser uma desvantagem positiva. Tampouco são as maravilhas em uma boa História sempre meras ficções arbitrárias com o objetivo de tornar a narrativa mais sensacional.

Aconteceu-me comentar com um homem que estava sentado a meu lado no jantar, um dia desses, que eu lia Grimm em alemão certa noite, mas nunca me incomodava em procurar uma palavra que eu não conhecia, "de modo que muitas vezes é muito divertido", eu adicionei, "adivinhar o que a idosa havia dado ao príncipe e que ele depois perdeu na floresta". "E é especialmente difícil em um conto de fadas", disse ele, "onde tudo é arbitrário e, portanto, o objeto pode ser qualquer coisa". Seu erro foi profundo. A lógica de um conto de fadas é tão rigorosa quanto a de um romance realista, embora diferente.

Alguém acredita que Kenneth Grahame fez uma escolha arbitrária quando deu a seu personagem principal a forma de um sapo, ou que um cervo, um pombo ou um leão teriam o mesmo efeito? A escolha baseia-se no fato de que o rosto do sapo de verdade tem uma semelhança grotesca com certo tipo de rosto humano: um rosto bastante apoplético com um sorriso feio sobre ele. Esse é, sem dúvida, um acidente no sentido de que todas as linhas que sugerem a semelhança estão realmente lá por razões biológicas bastante diferentes. A ridícula expressão quase humana é, portanto, imutável: o sapo não consegue parar de sorrir porque o "sorriso" não é realmente um sorriso. Olhando para a criatura, vemos, isolado e fixado, um aspecto da vaidade humana em sua forma mais engraçada e perdoável; seguindo essa indicação, Grahame cria o Sr. Sapo — um humor *ultrajohnsoniano*. E trazemos de volta a riqueza das Índias; doravante temos mais deleite em certo tipo de vaidade na vida real e mais bondade com respeito a ela.

Mas por que os personagens devem ser disfarçados de animais? O disfarce é muito fino, tão delgado que Grahame faz o Sr. Sapo, em certa ocasião, "pentear as folhas secas de seus *cabelos*". Contudo, isso é absolutamente indispensável. Se tentar reescrever o livro com todos os personagens humanizados, você deparará, desde o início, com um dilema. Eles são adultos ou crianças? Você descobrirá que eles não são nem um nem outro: são como crianças, na medida em que não têm responsabilidades, nem luta pela existência, nem preocupações domésticas. As refeições aparecem; nem sequer perguntam quem as cozinhou. Na cozinha do Sr. Texugo, os "pratos da cômoda sorriem para os potes na prateleira". Quem os mantém limpos? Onde foram comprados? Como foram entregues na Floresta Selvagem? O Toupeira está muito confortável em sua casa subterrânea, mas do que ele vive? Se ele *vive de rendas*, onde é o banco, quais são seus investimentos? As mesas em seu pátio estavam "marcadas com manchas redondas que sugeriam canecas de cerveja". Mas onde ele pegou a cerveja? Desse aspecto, a vida de todos os personagens é a de crianças para quem tudo é providenciado e que tem tudo como garantido. Mas, por outros aspectos, é a vida de adultos: eles vão aonde querem e fazem o que bem entendem; eles tocam a própria vida.

Nesse sentido, o livro é um espécime do escapismo mais escandaloso: ele pinta uma felicidade em condições incompatíveis — o tipo de liberdade que podemos ter apenas na infância com o tipo que podemos ter apenas na maturidade — e dissimula a contradição com a pretensão adicional de que os personagens não são seres humanos. Um absurdo ajuda a esconder o outro. Seria possível esperar que um livro assim não nos adequaria à dureza da realidade e que nos enviasse de volta a nossa vida diária instável e descontente. Não acho que isso aconteça. A felicidade que ele nos apresenta é, na verdade, cheia das coisas mais simples e possíveis: comida, sono, exercício, amizade, a face da natureza, até mesmo (em certo sentido) a religião. Essa "refeição simples, que sustenta" de "toucinho com fava e um pudim de macarrão" que o Rato deu a seus amigos, não duvido, contribuiu muito com os jantares de creche reais. E, da mesma forma, toda a história, paradoxalmente, fortalece nosso gosto pela vida real. Essa excursão no absurdo envia-nos de volta ao real com renovado prazer.

É costume usar um tom apologético e galhofeiro ao falar sobre o deleite de um adulto com os chamados "livros infantis". Acho que a convenção é tola. Nenhum livro é realmente digno de ser lido aos dez anos se não for igualmente (e, por vezes, muito mais) digno de ser lido aos cinquenta — exceto, claro, os livros de informação. As únicas obras imaginativas que devemos deixar de lado são aquelas que teria sido melhor nem termos lido lá trás. Um paladar maduro provavelmente não gostará muito de *crème de menthe*, mas ainda desfrutará de pão, manteiga e mel.

Outra grande categoria de histórias gira em torno de profecias cumpridas: a história de Édipo, ou *O homem que seria rei* ou *O Hobbit*. Na maioria delas, os próprios passos para evitar o cumprimento da profecia acabam ocasionando o mesmo. É predito que Édipo matará o pai e se casará com a mãe. Para evitar que isso aconteça, ele fica desabrigado na montanha; e isso, por levar ao seu resgate e, portanto, à sua vida entre estranhos que ignoram sua ascendência real, torna possíveis os dois desastres. Histórias assim produzem (pelo menos em mim) um sentimento de admiração, ao lado de certo tipo de perplexidade, como a que muitas vezes se sente ao olhar para um padrão complexo de linhas que passam por cima e por baixo umas das outras. Um vê, embora não exatamente *veja*, a regularidade. E não é o caso de haver boas razões tanto para a admiração quanto para a perplexidade? Acabamos de colocar diante de nossa imaginação algo que sempre desconcertou o intelecto: *vimos* como o destino e o livre-arbítrio podem ser combinados, até mesmo como o livre-arbítrio é o *modus operandi* do destino. A história faz o que nenhum teorema pode fazer. Pode não ser "como a vida real" em um sentido superficial, mas coloca diante de nós uma imagem do que a realidade pode bem ser, talvez em alguma região mais central dela.

Pode-se ver que, ao longo deste ensaio, tomei meus exemplos indiscriminadamente de livros que os críticos (com bastante justiça) colocariam em categorias muito diferentes: da "cientificção" americana e de Homero, de Sófocles e de Märchen, de histórias infantis e da intensamente sofisticada arte de Walter de la Mare. Isso não significa que eu os considere todos com igual mérito literário. Mas, se eu estou certo em pensar que há outro prazer em Histórias além da emoção, então, o romance popular, mesmo no nível mais baixo, torna-se mais importante do que podemos supor. Quando você vê uma pessoa imatura ou sem instrução devorando o que parecem ser apenas histórias emocionantes, você pode ter certeza do tipo de prazer que ela está desfrutando? É claro que não é bom perguntar *a ela*. Se a pessoa fosse capaz de analisar a própria experiência como a pergunta exige que faça, ela não seria alguém sem instrução nem imatura. Mas não devemos condená-la por não saber se expressar. Ela pode estar buscando apenas a tensão recorrente da ansiedade imaginada. Mas também pode, acredito, estar recebendo certas experiências profundas que, para ela, não são aceitáveis de alguma outra forma.

Roger Lancelyn Green, escrevendo no *English* há pouco tempo, observou que a leitura de Rider Haggard tinha sido uma espécie de experiência religiosa. Para algumas pessoas, isso parecerá simplesmente grotesco. Eu mesmo discordo fortemente disso se "religioso" significar "cristão". E, mesmo

Sobre histórias

que o tomemos em um sentido subcristão, teria sido mais seguro dizer que essas pessoas encontraram pela primeira vez nos elementos dos romances de Haggard o que encontrariam de novo na experiência religiosa, se viessem a ter alguma. Mas acho que Green está muito mais certo do que aqueles que assumem que as pessoas só leem romances para se empolgar com as fugas por um triz. Se ele tivesse dito simplesmente que algo que os instruídos recebem da poesia pode chegar às massas por meio de histórias de aventura, e quase de nenhuma outra maneira, acho que teria razão. Se assim for, nada pode ser mais desastroso do que o ponto de vista de que o cinema pode e deve substituir a ficção popular escrita. Os elementos que ele exclui são precisamente aqueles que dão à mente não treinada o único acesso ao mundo imaginativo. Há morte na câmera.

Como eu admiti, é muito difícil dizer se em determinado caso uma história está alcançando a imaginação mais profunda do leitor não literário ou se está apenas agitando suas emoções. Você não consegue dizer mesmo lendo a história para si mesmo. A história ser ruim prova muito pouco. Quanto mais imaginação o leitor tem, sendo um leitor inexperiente, mais fará por si mesmo. Ele, com uma mera dica do autor, inundará material ruim com sugestões e nunca pensará que ele mesmo está fazendo aquilo de que gosta. O mais próximo a que podemos chegar de um teste é perguntar-lhe se ele frequentemente *relê* a mesma história.

Esse é, sem dúvida, um bom teste para todos os leitores de todos os tipos de livro. Um homem não literário pode ser definido como aquele que lê livros apenas uma vez.

Há esperança para um homem que nunca tenha lido Malory, ou Boswell, ou *A vida e as opiniões do cavalheiro Tristram Shandy*, ou *Sonetos*, de Shakespeare, mas o que se pode fazer com um homem que diz que os "leu", o que significa que os leu uma vez e pensa que isso resolve o assunto? No entanto, acho que o teste tem uma aplicação especial para o assunto em questão, pois a empolgação, no sentido definido acima, é exatamente o que deve desaparecer em uma segunda leitura. Você não pode, exceto na primeira leitura, estar realmente curioso sobre o que aconteceu. Se você acha que o leitor de romances populares — por mais inculto que seja, por piores que sejam os romances — volta a seus antigos livros favoritos repetidas vezes, então, você tem uma boa evidência de que eles lhe são uma espécie de poesia.

O *releitor* não está à procura de surpresas reais (que podem vir apenas uma vez), e sim de certo *estado de surpresa*. Essa questão muitas vezes pode não ter sido compreendida. O homem na obra de Peacock[3] pensou que ele tinha disposto a "surpresa" como um elemento na jardinagem paisagística quando perguntou o que aconteceu ao caminhar-se pelo jardim pela segunda vez. Sabichão! No único sentido que importa, a surpresa funciona na vigésima vez tanto quanto na primeira. É a *qualidade* do inesperado, não o *fato*, que nos deleita. É melhor ainda pela segunda vez. Sabendo que a "surpresa" está próxima, podemos agora

---

[3] Referência a um dos personagens de *Headlong Hall*, de Thomas Love Peacock (1785—1866), poeta, ensaísta, crítico de ópera e novelista satírico inglês. [N. T.]

saborear completamente o fato de que esse caminho por meio dos arbustos não *parece* ser aquele que, de repente, nos levaria à beira do penhasco. Acontece assim na literatura. Nós não apreciamos completamente uma história na primeira leitura. Somente depois da curiosidade, a pura luxúria da narrativa, ter tomado sua sopa e ido dormir é que estamos livres para saborear as verdadeiras belezas. Até então, é como desperdiçar um excelente vinho com uma sede natural insaciável que apenas quer um líquido frio. As crianças entendem isso bem quando pedem a mesma história repetidamente, e nas mesmas palavras. Elas querem voltar a ter a "surpresa" de descobrir que aquilo que parecia ser a vovozinha da Chapeuzinho Vermelho era, na verdade, o lobo. É melhor quando você sabe o que está chegando: livre do choque da surpresa real, você pode acompanhar melhor à natureza intrínseca de surpresa da *peripeteia*.[4]

Gostaria de poder acreditar que estou aqui contribuindo (pois a crítica nem sempre vem depois da prática), de forma muito pequena, para incentivar uma escola de prosa melhor na Inglaterra: prosa que possa mediar a vida imaginativa para as massas, embora não sendo desprezível para os poucos. Mas talvez isso não seja muito provável. Deve-se admitir que a arte da História como eu a vejo é bem complexa. Eu já insinuei qual é a dificuldade central, quando me queixei de que, na *Guerra dos mundos*, a ideia que realmente importa fica perdida ou embotada quando

---

[4]Peripécia: uma mudança repentina ou inesperada dos acontecimentos; termo usado principalmente em obras literárias. [N. E.]

a história começa. Devo agora acrescentar que existe um perpétuo perigo de isso acontecer em todas as histórias.

Para serem de fato histórias, elas devem ser uma série de acontecimentos, mas deve-se entender que essa série — a *trama*, como a chamamos — é apenas uma rede para apanhar outra coisa. O tema real pode ser, e talvez geralmente seja, algo que não tem nenhuma sequência em si, algo além de um processo e muito mais como um estado ou uma qualidade. Gigantismo, alteridade, a desolação do espaço são exemplos que cruzaram nosso caminho. O título de algumas histórias ilustra muito bem o que quero dizer. *The Well at the World's End* [O poço no fim do mundo] — pode um homem escrever uma história com esse título? Ele pode encontrar uma série de acontecimentos que se sucedem no tempo para realmente capturar, prender e tornar familiar para nós tudo o que entendemos apenas ouvindo as seis palavras? Um homem pode escrever uma história sobre Atlântida — ou é melhor deixar que a palavra trabalhe por conta própria? E devo confessar que a rede raramente consegue capturar o pássaro. Morris, em *The Well at the World's End*, chegou perto do sucesso, perto o suficiente para fazer o livro merecer várias leituras. No entanto, por fim, os melhores momentos dele vêm na primeira metade.

Mas às vezes isso dá certo. Nos trabalhos do falecido E. R. Eddison isso funciona. Você pode gostar ou não dos mundos que ele inventou (eu mesmo gosto de *The Worm Ouroboros* [O Verme Ouroboros] e não gosto muito de *Mistress of Mistresses* [Amante das amantes]), mas não há briga entre o tema e a articulação da história. Cada episódio, e cada discurso, ajuda a encarnar o que o autor está imaginando. Você não pode dispensar nenhum deles. É preciso toda a história para construir a estranha mistura de luxo renascentista e aspereza setentrional. O segredo aqui é, em grande parte, o estilo, e especialmente o estilo do diálogo. Essas pessoas orgulhosas, despreocupadas e amorosas criam a si mesmas e toda a atmosfera de seu mundo principalmente ao falar. Walter de la Mare também é bem-sucedido, em parte por estilo e, em parte, por nunca deixar tudo às claras. David Lindsay, no entanto, é bem-sucedido ao escrever com um estilo que às vezes (para ser franco) é abominável. Ele consegue isso porque seu verdadeiro tema é, como o enredo, sequencial, uma coisa no tempo, ou no quase-tempo: uma apaixonante jornada espiritual. Charles Williams teve a mesma vantagem, mas eu não menciono suas narrativas muito aqui porque elas não são a história extremamente pura no sentido em que agora estamos considerando. Elas, apesar do uso gratuito do sobrenatural, estão muito mais próximas do romance; uma religião acreditada, um personagem detalhadamente descrito e até mesmo uma sátira social. *O Hobbit* escapa do perigo de degenerar em mero enredo e empolgação por uma mudança de tom muito curiosa. Quando o humor e a familiaridade dos primeiros capítulos, pura "hobbitária", desaparecem, passamos insensivelmente para o mundo do épico. É como se a batalha da Mansão do Sapo[5] tivesse se

---

[5] Residência do Sr. Sapo, em *O vento nos salgueiros*, de Kenneth Grahame (1859—1932) do qual também o Texugo é personagem. [N. T.]

tornado uma séria *heimsókn*[6] e o Texugo começasse a falar como Njal.[7] Assim, perdemos um tema, mas encontramos outro. Nós matamos, mas não a mesma raposa.

Pode-se perguntar por que alguém deve ser encorajado a escrever numa forma em que os meios aparentemente estão muitas vezes em guerra com o fim. Não estou sugerindo que alguém que possa escrever poesia de qualidade deva, em lugar disso, escrever histórias. Prefiro sugerir que aqueles cujo trabalho será, em qualquer caso, um romance tenha isso mesmo por objetivo. E não acho sem importância que um bom trabalho desse tipo, mesmo que seja menos do que perfeitamente bom, possa chegar aonde a poesia nunca irá.

Será que eu pensarei de modo excêntrico se, em conclusão, sugerir que essa tensão interna no coração de cada história entre o tema e a trama constitui, afinal, sua principal semelhança com a vida? Se a História falha nisso, a vida não cometeu o mesmo erro? Na vida real, como em uma história, algo deve acontecer. Esse é só o problema. Nós nos agarramos a uma circunstância e encontramos apenas uma sucessão de acontecimentos em que a circunstância nunca está completamente incorporada. A grande ideia de encontrar Atlântida que nos agita no primeiro capítulo da aventura está apta a ser desperdiçada em uma mera empolgação quando a viagem foi iniciada. Mas, na vida real, a ideia de aventura se desvanece quando os detalhes do dia a dia começam a acontecer. Isso não ocorre apenas porque

---

[6] "Visita", em islandês. [N. T.]
[7] Personagem de *Saga de Njáll, o Queimado*, saga islandesa escrita no século XIII por um autor anônimo. [N. T.]

as dificuldades reais e o perigo a afastam. Outras ideias grandiosas — voltar para casa, a reunião com um amado — também escapam de nosso controle. Suponha que não haja decepção; mesmo assim... bem, você está aqui. Mas agora, algo deve acontecer, e depois disso algo mais. Tudo o que acontece pode ser deleitoso, mas poderá alguma dentre essas séries de acontecimentos encarnar o puro estado de ser, que era o que queríamos? Se o enredo do autor é apenas uma rede, e geralmente imperfeita, uma rede de tempo e acontecimentos para capturar o que não é realmente um processo, seria a vida mais que isso?

Não tenho certeza, pensando bem, de que o lento desvanecimento da magia em *The Well at the World's End* é, afinal de contas, um defeito; é uma imagem da verdade. De fato, pode-se esperar da arte que ela faça o que a vida não pode fazer, e isso ela já tem feito. O pássaro escapou de nossas mãos. Mas foi pelo menos enredado na rede por diversos capítulos. Nós o vimos de perto e apreciamos sua plumagem. Quantas "vidas reais" têm redes que podem fazer tanto?

Na vida e na arte, tanto quanto parece, estamos sempre tentando pegar em nossa rede de momentos sucessivos algo que não é sucessivo. Se na vida real há algum mestre que pode nos ensinar a fazê-lo, de modo que, finalmente, as malhas se tornem reduzidas o suficiente para segurar o pássaro, ou se estamos tão mudados que podemos nos desfazer das redes e seguir o pássaro para seu próprio país, não é uma questão para este ensaio. Mas acho que às vezes isso é feito — ou muito, muito perto de ser feito — em histórias. Eu acredito que esse é um esforço que vale muito a pena ser feito.

CAPÍTULO 2

Os romances de *Charles Williams*

Uma das observações críticas mais estúpidas já registradas foi feita por Leigh Hunt quando ele se queixou de que *Lays of Ancient Rome* [Baladas da Roma Antiga] não tinha o verdadeiro aroma poético de *A rainha das fadas*. Há de ser dito que ele fez isso não por carta comum, mas em uma carta suplicante, para o próprio Macaulay; e, como Macaulay reconheceu a Napier, isso foi um ato viril.[1] Mas, no que diz respeito à crítica, é deplorável. Algumas vezes me perguntei se certas críticas sobre as histórias de Charles Williams não estão igualmente muito longe de serem corretas.

A queixa, muitas vezes feita contra elas, é que misturam o que as pessoas chamam de realista e fantástico. Eu preferiria voltar a uma terminologia crítica mais antiga e dizer que elas misturam o Provável e o Maravilhoso. Encontramos nessas histórias, por um lado, pessoas modernas

---

[1] Carta a Macvey Napier de 16 de novembro de 1842, em *The Letters of Thomas Babington Macaulay* [As cartas de Thomas Babington Macaulay], ed. Thomas Pinney (1977).

muito comuns, que falam a gíria de nossos dias e vivem nos subúrbios; por outro lado, também encontramos o sobrenatural: fantasmas, mágicos e bestas arquetípicas.

A primeira coisa a entender é que essa não é uma mistura de dois tipos literários. Disso é que alguns leitores suspeitam e se ressentem. Eles reconhecem, por um lado, a ficção "franca", o romance clássico como o conhecemos de Fielding a Galsworthy; e, por outro lado, a pura fantasia que cria um mundo próprio, separado da realidade por uma espécie de cerca de isolamento, em livros como *O vento nos salgueiros*, *Vathek* ou *A princesa da Babilônia*, e se queixam de que Williams está pedindo que eles passem de um lado para o outro na mesma obra. Mas Williams está de fato escrevendo um terceiro tipo de livro, que não pertence a nenhuma categoria anterior e tem um valor diferente de qualquer outro. Ele está escrevendo o tipo de livro que começamos dizendo: "Suponhamos que este mundo cotidiano tenha sido, em algum ponto, invadido pelo maravilhoso. Deixe-nos, de fato, supor uma violação da fronteira".

A fórmula, é claro, não é nenhuma novidade. Mesmo na infância, a maioria de nós, que agora está na casa dos cinquenta, aprendeu muito claramente a diferença de gênero entre um conto de fadas de Grimm e um conto de fadas de E. Nesbit. Um transportou você para um mundo novo, com suas próprias leis e seus próprios habitantes característicos; mas o foco do outro era supor que Tottenham Court Road ou uma hospedaria sombria fosse invadida de repente por uma fênix ou por um amuleto. A história de fantasma comum e, nesse sentido, clássica, faz a mesma coisa; o caráter realista e mundano da cena e das pessoas é parte essencial do efeito. Então, de uma maneira muito mais sutil, Walter de la Mare derrama seus receios sem fim sobre o mundo que todos conhecemos. *O estranho caso do Dr. Jekyll e Mr. Hyde* introduz seu horror estranho em um ambiente prosaico. F. Anstey, por suas maravilhas cômicas, constrói ninhos realistas. Mesmo os livros de *Alice* e *Gulliver* devem muito à natureza prática e resolutamente sem imaginação de seus principais personagens. Se Alice fosse uma princesa, se Gulliver fosse um viajante romântico ou mesmo um filósofo, o efeito seria destruído. Agora, se esse tipo literário é permitido, será certamente inútil queixar-se de que mistura dois níveis literários, o realista e o fantástico. Pelo contrário, ele mantém seu próprio nível em tudo: esse nível no qual supomos que uma violação da fronteira ocorreu no mundo real.

Mas algumas pessoas perguntam se o tipo é permitido. De que adiantam, pode-se inquirir, tais suposições? E uma resposta a essa pergunta eu mesmo posso descartar de imediato. Elas não são alegorias. Apresso-me a acrescentar que é quase impossível fazer uma história desse tipo, ou de qualquer tipo, que o leitor não possa transformar em alegoria, se quiser. Tudo na arte e na maioria das coisas na natureza pode ser alegorizado, se você estiver determinado a fazê-lo, como mostra a história do pensamento medieval. Mas eu não acho que é assim que essas histórias foram escritas nem é assim que devem ser lidas. O ponto de partida é uma suposição. "Suponha que encontrei um país habitado por anões. Suponha que dois homens podem trocar de corpo." Nada menos, mas igualmente nada mais, é exigido. E agora, qual é o objetivo?

Para alguns de nós, é claro, essa questão dificilmente surge. Tal suposição nos parece o inalienável direito e o hábito inveterado da mente humana. Nós fazemos isso o dia todo, e, portanto, não vemos por que não deveríamos fazê-lo, às vezes, de forma mais enérgica e constante, em uma história. Mas, para aqueles que acham que é preciso uma justificativa, penso que uma justificativa pode ser encontrada.

Cada suposição é um experimento ideal: um experimento feito com ideias, porque você não pode fazê-lo de outra maneira. E a função de um experimento é ensinar-nos mais sobre as coisas que experimentamos. Quando supomos que o mundo da vida cotidiana seja invadido por algo diferente, estamos sujeitando nossa concepção do cotidiano ou nossa concepção desse outro, ou ambos, a um novo teste. Nós os colocamos juntos para ver como vão reagir. Se der certo, devemos pensar, sentir e imaginar mais acurada, rica e atentamente sobre o mundo invadido ou sobre aquilo que o invadiu, ou sobre ambos. E aqui, sem dúvida, chegamos à grande divisão entre escritores desse tipo.

Alguns estão experimentando apenas no mundo do cotidiano; outros estão experimentando no invasor também. Isso depende em parte da escolha literária, mas também em parte de sua filosofia. Algumas pessoas, é claro, não acreditam que exista um potencial invasor. Para elas, o único propósito de supor uma invasão deve ser trazer luz para nossa experiência diária e normal. Outras, que acreditam na existência de um possível invasor, podem (embora não seja necessário que elas sempre devam) esperar que a luz também flua dessa hipótese. Por isso, temos dois tipos de história de invasão. *Vice Versa* [Vice-versa] é um exemplo perfeito do primeiro. A única função da Garuda Stone é colocar o Sr. Bultitude, o Dr. Grimstone e os demais em uma relação de outra forma impossível para que possamos assistir suas reações. Como em *Dr. Jekyll e Mr. Hyde*. A maquinaria pela qual os dois eus são separados é certa bobagem sobre rascunhos e pós com os quais Stevenson com afinco atrai nosso interesse: o que importa é o resultado. Autores cômicos, ou fortemente éticos, costumam adotar esse método. Walter de la Mare está no outro extremo. Sua conquista é despertar "pensamentos além do alcance de nossa alma", trazer para nós a precariedade de nosso mundo de senso comum e compartilhar conosco sua própria consciência inquietante do que, a seu ver, isso esconde. "Supondo", ele diz, "que essa dissimulação, que nunca é muito eficiente, falhe completamente por algumas horas".

Agora, Williams está no mesmo extremo da escala que o Sr. de la Mare. Não quero dizer que eles são semelhantes em qualquer aspecto. Na qualidade de sua imaginação, eles são tão diferentes quanto possível: o mundo do Sr. de la Mare é de meias-luzes, silêncio e distâncias, um crepúsculo "lavado com prata", enquanto o de Williams é de cores ardentes, contornos rígidos e ressonância tal como a de um sino. Em vão você procuraria em Williams pela delicadeza, pela imensa importância do que não é dito que nos deleita no Sr. de la Mare. Você ficaria igualmente desapontado se buscasse no Sr. de la Mare pela energia aquilina, a pompa, o esplendor, a qualidade orgiástica de Williams. Mas, com respeito a isto, eles são semelhantes: cada um, tendo suposto uma violação da fronteira, está interessado em ambos os lados da fronteira.

Sem dúvida, a primeira e mais simples maneira de considerar as histórias de Williams é observar e aproveitar as luzes que elas lançam neste lado da fronteira, em nossa experiência normal. Sua história *The Place of the Lion*[2] [O lugar do leão] parece-me lançar uma luz, que não me atrevo a negligenciar, no mundo em que eu mesmo habitualmente vivo, o mundo acadêmico. A heroína, Damaris Tighe, é um exemplo extremo de investigadora complacente. Ela está estudando filosofia medieval, e nunca antes lhe ocorreu que os objetos do pensamento medieval poderiam ter alguma realidade. Como Williams nos diz, ela considerou Abelardo e São Bernardo como a forma superior em uma escola de que ela não era tanto a diretora, mas a inspetora. Então, vem a suposição. Como seria se esses objetos fossem, afinal, reais? Como seria se eles começassem a se manifestar? Como seria se esse pesquisador-besouro tivesse de experimentar o que é ser tão loquazmente catalogado? Mesmo se nós não sentirmos, ao final do livro, que sabemos mais sobre as Formas Platônicas, podemos sentir que sabemos mais sobre nós mesmos como pesquisadores — vimos, como de

---

[2] *The Place of the Lion* (1931), *All Hallows' Eve* [Dia das Bruxas] (1945), *Descent into Hell* [Descida ao inferno] (1937).

fora, a suposição fatídica de superioridade que certamente dominará todo o nosso pensamento sobre o passado se não tomarmos medidas para corrigi-la.

Assim, novamente, em *All Hallows' Eve*, os sofrimentos estranhos aos quais Betty está sujeita desprendem para nós seu possível, mas agora raramente imaginado, caráter de inocência completamente indefeso e incorruptível. Para dizer de outra forma, acho que, quando leio sua história, a palavra *vítima*, depois de tantos anos de uso comum, é restaurada em minha mente à sua antiga, sagrada e sacrificial dignidade, e minha visão do mundo cotidiano é proporcionalmente mais aguçada.

Isso, de fato, é apenas um exemplo de um efeito curioso que as suposições de Williams costumam produzir. Elas possibilitam a criação de bons personagens. Os bons personagens da literatura de ficção são difíceis de criar. Não só porque a maioria dos autores tem muito pouco material para fazê-los, mas também porque nós, leitores, temos um forte desejo subconsciente de achá-los incríveis. Observe com quanta inteligência Scott fica sob nossa guarda, fazendo com que Jeanie Deans seja inferior a nós em tudo, exceto em suas virtudes. Isso nos dá alívio: somos pegos com a guarda baixa. Em Williams, somos igualmente pegos desprevenidos. Nós vemos suas pessoas boas em circunstâncias estranhas e não pensamos muito em chamá-las de boas. Somente em reflexão posterior, descobrimos o que nos surpreendeu ao aceitarmos isso.

Eu voltarei a esse ponto em um momento. Entretanto, devo repetir a reivindicação ou a confissão (como você preferir chamar) de que essa iluminação do mundo comum é apenas metade de uma história de Williams. A outra metade é o que ele nos conta sobre um mundo diferente. Ao materialista rigoroso que acredita de modo inabalável que não existe tal coisa, suponho que isso não seja mais do que uma curiosidade ou material para psicanálise. Francamente, Williams não se dirige a leitores desse tipo. Mas, é claro, tampouco ele está se dirigindo apenas a seus correligionários. Na verdade, conceitos explicita ou exclusivamente cristãos não são colocados com frequência diante de nós. O que temos, então? No mínimo, a conjectura de um homem sobre coisas incognoscíveis. Mas todos os que não excluem desde o princípio a possibilidade dessas coisas admitem que um certo homem pode conjecturar melhor que outro. E, se achamos que um homem conjectura bem, começamos a perguntar se "conjectura" é a palavra certa.

Eu hesitaria em afirmar que Williams era um místico. Se místico significa alguém que segue a maneira negativa ao rejeitar imagens, então ele era, consciente e deliberadamente, o exato oposto. A escolha entre as duas formas — assim como a legitimidade, a dignidade e o perigo de ambas — é um de seus temas favoritos. Mas estou convencido de que tanto o conteúdo quanto a qualidade de sua experiência diferiram dos meus e diferiram de maneiras que me obrigam a dizer que ele viu mais, que ele sabia o que eu não sei. Sua escrita, por assim dizer, conduz-me para onde nunca estive em minhas próprias viagens de navio ou de trem; e, no entanto, esse lugar estranho está tão ligado aos reinos que conhecemos que não posso acreditar que seja um simples país dos sonhos.

É uma coisa impossível de ilustrar com pequenas citações, mas posso apontar passagens em que senti isso de modo especial. Uma delas vem do último capítulo de *All Hallows' Eve*, em que Lester, que esteve morto, no sentido físico, por muitos dias, olha para cima e descobre (não posso explicar isso sem contar toda a história) que uma separação ainda mais definitiva está próxima. Então, vêm as palavras: "Tudo, tudo estava terminando; isso, depois de tantos prelúdios, certamente era a morte. Essa foi a alegria mais excelente e pura da morte. [...] Acima dela, o céu a cada momento ficava mais alto e vazio; a chuva caía de uma fonte além de todas as nuvens".

Outra vem do quarto capítulo de *Descent into Hell*, em que a idosa Margaret, no leito de morte, sente-se como uma montanha e uma viajante que escalava aquela montanha: e "agora ela sabia que apenas a menor fragilidade de seu ser agarrava-se em algum lugar ao grande cume que era ela, os outros e todo o mundo sob sua separada espécie, como se ela mesma fosse parte de todos os outros picos". Evidentemente, você pode me perguntar como Williams sabia disso. E não estou sugerindo que ele o saiba no sentido de me oferecer detalhes factuais sobre o mundo além da morte ou à beira da morte. O que tenho certeza é que ele está descrevendo algo que conhece, algo que eu não saberia, a menos que ele o tivesse descrito, e algo que importa.

Mas estou terrivelmente receoso de que o que eu disse anteriormente sobre seus bons personagens poderia deixar alguém com a impressão de que ele era um moralista. O público tem desconfiança de livros morais, e ele não está totalmente equivocado. A moralidade estragou a literatura com bastante frequência; todos nos lembramos do que aconteceu com alguns romances do século XIX. Na verdade, é muito ruim chegar ao estágio de pensar profundamente e com frequência sobre o dever, a menos que você esteja preparado para seguir ao estágio seguinte. A Lei, como [o apóstolo] Paulo claramente explicou, apenas leva você aos portões da escola. A moral existe para ser transcendida. Nós agimos com base no dever com a esperança de, um dia, fazermos as mesmas coisas de forma livre e deleitável. Uma das qualidades libertadoras nos livros de Williams é que quase nunca estamos no nível meramente moral.

Um pequeno fato é significativo: a extensão inesperada que ele dá à ideia de cortesia. O que os outros considerariam como serviço ou altruísmo, ele considera boas maneiras. Isso, por si só, pode ser um mero truque verbal; eu o menciono aqui apenas como um conveniente símbolo de taquigrafia para a atitude toda. Pois a cortesia pode ser brincadeira ou cerimonial, ou ambos, na qual o altruísmo é inerte ou pomposo. E essa sublimação de atitudes meramente éticas está em ação em toda a sua escrita. Seu mundo pode ser feroz e perigoso, mas a sensação de grandeza, de exuberância, mesmo de carnaval, *homestade* e *cavalleria*, nunca é perdida. É um pouco como as *hilaritas* de Spinoza, se Spinoza houvesse progredido de seu método geométrico para dançar sua filosofia. Mesmo a falha principal dos livros anteriores — a aproximação perigosa da superficialidade

Sobre histórias

nos diálogos — foi uma tentativa de expressar seu próprio senso de aventura alegre na vida espiritual. Sem dúvida, alguns leitores piedosos consideram Williams embaraçosamente à vontade em Sião; se assim for, acaso eles esqueceram que Davi dançou diante da arca?

CAPÍTULO 3

Um *tributo* a E.R. Eddison

É muito raro que um homem de meia-idade encontre um autor que lhe dê o que ele conheceu tantas vezes na adolescência e na casa dos vinte anos: a sensação de ter aberto uma nova porta. Ele pensava que aqueles dias tinham passado. Os romances heroicos de Eddison contestaram essa ideia. Neles há uma nova espécie literária, uma nova retórica, um novo clima de imaginação. Seu efeito não é evanescente, pois toda a vida e a força de uma personalidade singularmente sólida e consistente estão por trás disso. Muito menos, no entanto, esse efeito é mera autoexpressão, atraente apenas para aqueles cuja subjetividade se assemelha à do autor: os admiradores de Eddison diferem em idade e gênero, e incluem alguns (como eu) a quem seu mundo é estranho e até mesmo sinistro. Em uma palavra, esses livros são obras, em primeiro lugar, de *arte*. E são insubstituíveis. Em nenhum outro lugar encontraremos essa mistura precisa de rigidez e luxo, de especulações sem lei e detalhes nitidamente definidos, do cínico e do magnânimo. Não se pode dizer que exista um autor qualquer que nos faça lembrar Eddison.

CAPÍTULO 4

Sobre três modos de *escrever* para crianças

Penso que existem três modos pelos quais os que escrevem para crianças podem fazer seu trabalho: dois modos bons e um que geralmente é um modo ruim.

Eu conheci o modo ruim muito recentemente e por meio de duas testemunhas inconscientes. Uma foi certa senhora que me enviou o manuscrito de uma história que ela havia escrito em que uma fada colocava à disposição de uma criança uma engenhoca maravilhosa. Eu digo "engenhoca" pois não era um anel mágico, um chapéu, uma capa ou algum item tradicional; era uma máquina, uma coisa de alavancas, manivelas e botões que você poderia pressionar. Você poderia pressionar um e obter um sorvete, outro e apareceria um cachorro vivo, e assim por diante. Tive de dizer à autora com honestidade que eu não me importava muito com esse tipo de coisa. Ela respondeu: "Não mais do que eu; nada é mais entediante. Mas é o que a criança moderna quer". A outra pequena evidência que tive foi a seguinte: na primeira história que redigi, descrevi detalhadamente como imaginei que seria um chá da tarde bem farto dado por um fauno hospitaleiro à menininha que era minha heroína. Um homem, que tem filhos, disse: "Ah, entendi seu raciocínio. Se alguém quer agradar aos leitores adultos, lhes dá sexo; então, você pensou: 'Isso não serve para crianças; o que devo dar a elas? Eu sei! Os pequenos arteiros gostam bastante de comer bem'." Na verdade, no entanto, eu gosto de comer e beber. Coloquei na história o que eu gostaria de ler quando era criança e o que ainda gosto de ler agora que estou na casa dos cinquenta.

A senhora do primeiro exemplo e o homem casado do segundo imaginavam o escrever para crianças como um departamento especial de "dar ao público o que ele quer". As crianças são, é claro, um público especial, e você descobre o que elas querem e lhes dá isso, ainda que você não goste nem um pouco.

O próximo modo, à primeira vista, pode parecer a mesma coisa, mas acho que a semelhança é superficial. Esse é o modo de Lewis Carroll, Kenneth Grahame e Tolkien. A história impressa cresce a partir de uma história contada a uma criança particular com voz viva e talvez *ex tempore*. Parece o primeiro modo porque você certamente está tentando dar a essa criança o que ela quer. Mas você está lidando com uma pessoa concreta, essa criança que, é claro, difere de todas as outras. Não se trata de "crianças" entendidas como uma espécie estranha cujos hábitos você "inventou" feito um antropólogo ou um vendedor ambulante. Nem seria possível, eu suspeito, assim face a face, entreter a criança com coisas calculadas de modo a agradá-la, ao passo que você as despreza ou considera indiferentes. A criança, estou certo, veria isso. Em qualquer relação pessoal, os dois participantes se modificam mutuamente. Você se tornaria um pouco diferente porque estava falando com uma criança e a criança se tornaria um pouco diferente por estar sendo o receptor da mensagem de um adulto. Uma comunidade, uma personalidade composta, é criada e, dessa forma, a história se desenvolve.

O terceiro modo, que é o único que eu poderia usar, consiste em escrever uma história para crianças porque uma história para crianças é a melhor forma de arte para algo que você tem a dizer — assim como um compositor pode escrever uma marcha fúnebre não porque haja um funeral público em vista, mas porque certas ideias musicais que lhe ocorreram ficavam melhores nessa forma. Esse método poderia ser aplicado a outros tipos de literatura infantil além das histórias. Foi-me dito que Arthur Mee não tinha muita afinidade com crianças e nunca quis ter; de seu ponto de vista, era um pouco de sorte que os garotos gostassem de ler o que ele gostava de escrever. Esse conto pode ser de fato falso, mas ilustra o que quero dizer.

Dentro das espécies de "história para crianças", as subespécies com que me identifico são a fantasia ou (em um sentido amplo) o conto de fadas. Há, é claro, outras subespécies. A trilogia de E. Nesbit sobre a família Bastable é um espécime muito bom de outro tipo. É uma "história para crianças" no sentido de que as crianças podem lê-la, e a leem, mas também é a única forma pela qual E. Nesbit poderia ter-nos dado tanto dos temperamentos da infância. É verdade que as crianças Bastable, tratadas com êxito a partir do ponto de vista adulto, aparecem em um de seus romances adultos, mas apenas por um momento. Eu não acho que ela teria mantido isso. O sentimentalismo é muito hábil em chegar de mansinho se escrevemos extensivamente sobre as crianças como são vistas pelos mais velhos. E a realidade da infância, como todos nós experimentamos, nos escorre entre os dedos. Pois todos nos lembramos de que a nossa infância, como foi vivida, era incomensuravelmente diferente daquilo que os mais velhos enxergavam. Portanto, Sir Michael Sadler, quando perguntei sua opinião sobre certa nova escola experimental, respondeu: "Nunca dou uma opinião sobre nenhuma dessas experiências até que as crianças tenham crescido e possam nos dizer *o que realmente aconteceu*". Assim, a trilogia Bastable, por mais improváveis que muitos de seus episódios possam ser, proporciona até mesmo a adultos, em certo sentido, uma leitura mais realista sobre crianças do que se poderia encontrar na maioria dos livros dirigidos a adultos. Mas também, ao contrário, permite que as crianças que a leem façam algo muito mais maduro do que sua própria percepção. Pois o livro todo é um estudo de caráter de Oswald, um autorretrato inconsciente e satírico, que toda criança inteligente pode apreciar plenamente, mas nenhuma criança se sentaria para ler um estudo de caráter de qualquer outra forma. Há outra maneira pela qual as histórias das crianças atuam como mediador desse interesse psicológico, mas reservarei isso para um momento posterior.

Nesse breve olhar para a trilogia Bastable, penso que nos deparamos com um princípio. No lugar em que a história para crianças é simplesmente a forma certa para aquilo que o autor tem a dizer, então, claro, os leitores que querem ouvir isso lerão a história, ou a lerão novamente, em qualquer idade. Só vim a conhecer *O vento nos salgueiros* ou os livros Bastable quando tinha vinte e poucos anos, e não acho que tenha gostado menos deles por esse motivo. Estou quase inclinado a estabelecer como parte do cânone que uma história infantil que é apreciada apenas por crianças é uma história infantil ruim. As boas permanecem. Uma valsa de que você gosta apenas quando está valsando é uma valsa ruim.

Esse cânone parece-me ainda mais óbvio e verdadeiro sobre o tipo de história infantil em especial que mais aprecio: a fantasia ou o conto de fadas. Agora, o mundo crítico moderno usa "adulto" como um termo de aprovação. É hostil ao que chama de "nostalgia" e desdenhoso do que chama de "Panteísmo Peter". Por isso, um homem que admite que anões e gigantes e feras falantes e bruxas ainda são queridos por ele em seu 53º ano de vida será provavelmente menos louvado por sua juventude perene do que desprezado e lamentado pelo bloqueio do desenvolvimento. Se eu gastar algum tempo defendendo-me dessas acusações, não é porque estou preocupado se vão me desprezar e sentir pena de mim, e sim porque a defesa é pertinente a toda a minha visão do conto de fadas e até mesmo da literatura em geral. Minha defesa consiste em três proposições.

(1) Eu respondo com um *tu quoque*. Os críticos que tratam "adulto" como um termo de aprovação, em vez de um termo meramente descritivo, não podem ser adultos.

Preocupar-se em ser adulto, admirar o adulto porque é adulto, corar com a suspeita de ser infantil: essas coisas são marcas de infância e adolescência. E na infância e na adolescência são, com moderação, sintomas saudáveis. Os mais jovens devem querer amadurecer. Mas continuar, na juventude ou até mesmo na idade adulta, com essa preocupação sobre ser adulto é uma marca de desenvolvimento realmente bloqueado. Quando eu tinha dez anos, lia histórias de fadas em segredo e teria ficado envergonhado se fosse pego fazendo isso. Agora que tenho cinquenta anos, eu as leio abertamente. Quando me tornei homem, deixei de lado as coisas infantis, incluindo o medo da infantilidade e o desejo de ser muito adulto.

(2) A visão moderna, parece-me, envolve uma falsa concepção do crescimento. Os que a defendem nos acusam de atraso de desenvolvimento porque não perdemos o paladar infantil. Mas, seguramente, o atraso de desenvolvimento não consiste em recusar-se a deixar de lado coisas antigas, mas em não acrescentar novas coisas. Hoje em dia gosto de vinho do Reno, mas, com certeza, não teria gostado quando criança. Mas eu ainda gosto de limonada. Eu chamo isso de crescimento ou desenvolvimento, porque fui enriquecido: anteriormente eu tinha apenas um prazer, agora tenho dois. Mas, se eu tivesse de perder o gosto por limonada antes de adquirir o gosto pelo vinho do Reno, isso não seria um crescimento, mas uma simples mudança. Agora gosto de Tolstói, de Jane Austen e de Trollope, bem como de contos de fadas, e eu chamo isso de crescimento: se eu tivesse de abandonar os contos de fadas para contrair o hábito de ler

os romancistas, não diria que cresci, mas apenas que mudei. Uma árvore cresce porque lhe são acrescentados anéis; um trem não cresce por deixar uma estação para trás e pular para a próxima. Na realidade, o caso é mais forte e mais complicado do que isso. Eu acho que meu crescimento é tão evidente quando agora leio os contos de fadas como quando leio os romancistas, pois agora desfruto dos contos de fadas melhor do que o fiz na infância: por estar agora em condições de contribuir mais, é claro que eu extraio mais. No entanto, não quero aqui enfatizar esse ponto. Mesmo que fosse apenas um gosto pela literatura adulta acrescentado a um gosto inalterado por literatura infantil, a adição ainda teria direito ao nome de "crescimento", e o processo de apenas deixar cair um pacote quando você pegar outro, não. É, sem dúvida, verdade que o processo de crescimento, incidental e infelizmente, envolve mais algumas perdas. Mas essa não é a essência do crescimento, certamente não o que torna o crescimento admirável ou desejável. Se fosse isso, se derrubar pacotes e deixar estações fossem a essência e a virtude do crescimento, por que deveríamos parar na idade adulta? Por que "senil" não deveria ser igualmente um termo de aprovação? Por que não devemos nos felicitar por perder dentes e cabelos? Alguns críticos parecem confundir o crescimento com o custo do crescimento e também querer fazer esse custo muito maior do que, em natureza, precisa ser.

(3) Toda a associação de conto de fadas e fantasia com a infância é local e acidental. Espero que todos tenham lido o ensaio de Tolkien sobre contos de fadas, que talvez seja

Sobre três modos de escrever para crianças

a mais importante contribuição para o assunto que qualquer pessoa já tenha feito. Se houver lido, você já saberá que, na maioria dos lugares e tempos, o conto de fadas não foi especialmente feito para crianças, nem exclusivamente apreciado por elas. Ele tendeu para o quarto das crianças quando ficou fora de moda nos círculos literários, assim como os móveis fora de moda foram para o quarto das crianças nas casas vitorianas. Na verdade, muitas crianças não gostam desse tipo de livro, assim como muitas delas não gostam de sofás estofados com crina, e muitos adultos gostam desse gênero, assim como muitos deles gostam de cadeiras de balanço. E aqueles que gostam, jovens ou velhos, provavelmente o fazem pela mesma razão. E nenhum de nós pode dizer com certeza qual é essa razão. As duas teorias que estão com mais frequência em minha mente são a de Tolkien e a de Jung.

De acordo com Tolkien,[1] o apelo dos contos de fadas reside no fato de que neles o homem exerce mais plenamente sua função de "subcriador"; não, como as pessoas gostam de dizer agora, fazendo um "comentário sobre a vida", mas fazendo, na medida do possível, um mundo subordinado ao seu. Uma vez que, do ponto de vista de Tolkien, essa é uma das funções adequadas do homem, o prazer surge naturalmente sempre que ela é executada com sucesso. Para Jung, o conto de fadas liberta os arquétipos

---

[1] J. R. R. Tolkien, "On Fairy-Stories" [Sobre contos de fadas], *Essays Presented to Charles Williams* [Ensaios apresentados a Charles Williams] (1947), p. 66 e ss.

que habitam no inconsciente coletivo e, quando lemos um bom conto de fadas, estamos obedecendo ao antigo preceito de "Conheça a ti mesmo".

Eu me arriscaria a acrescentar a isso minha própria teoria, certamente não do *tipo* como um todo, mas sim de uma característica nele: refiro-me à presença de seres diferentes do humano que ainda se comportaram, em graus variados, humanamente: gigantes, anões e animais falantes. Eu acredito que isso seja pelo menos (pois eles podem ter muitas outras fontes de poder e beleza) um hieróglifo admirável que comunica psicologia e tipos de caráter mais brevemente que a apresentação novelística e para os leitores que a apresentação novelística ainda não poderia alcançar. Considere o Sr. Texugo em *O vento nos salgueiros* — essa extraordinária amálgama de alto nível, maneiras grosseiras, aspereza, timidez e bondade. A criança que uma vez conheceu o Sr. Texugo tem sempre, depois disso, em si mesma, um conhecimento da humanidade e da história social inglesa que não conseguiria de nenhuma outra forma.

Claro que nem toda a literatura infantil é fantástica; então, nem todos os livros fantásticos precisam ser livros infantis. Ainda é possível, mesmo em uma época tão ferozmente antirromântica quanto a nossa, escrever histórias fantásticas para adultos, embora, de modo geral, a pessoa precise ter feito nome em algum tipo de literatura mais "elegante" antes de publicar histórias desse tipo. Mas pode haver um autor que, em um momento particular, encontre não só na fantasia, mas também na fantasia para crianças, a forma exatamente correta para o que ele quer dizer.

A distinção é muito boa. Suas fantasias para crianças e suas fantasias para adultos terão muito mais em comum uma com a outra do que com o romance comum ou com o que às vezes é chamado de "romance da vida infantil". Na verdade, os mesmos leitores provavelmente lerão suas histórias fantásticas "juvenis" e suas histórias fantásticas para adultos. Pois não preciso lembrar a esse público que a classificação exata dos livros em grupos etários, tão apreciada pelos editores, tem apenas uma relação muito tênue com os hábitos de qualquer leitor real. Aqueles de nós que são censurados quando mais velhos por ler livros infantis também foram censurados quando crianças por ler livros considerados para mais velhos. Nenhum leitor que se preze anda em obediência a uma tabela etária. A distinção, portanto, é tênue, e não tenho certeza do que me fez, em um ano particular de minha vida, sentir que não só um conto de fadas, mas também um conto de fadas dirigido a crianças, era exatamente o que eu devia escrever — ou irromper. Penso que, em parte, essa forma permite que eu deixe de fora — ou até mesmo compele-me a deixar de fora — as coisas que era minha intenção deixar de fora. Isso força o escritor a pôr toda a força do livro no que foi feito e dito. Isso se verifica naquilo que um gentil e perspicaz crítico definiu como "o demônio expositivo" em mim. Também impõe certas necessidades muito frutíferas sobre a extensão.

Se eu permiti que o tipo fantástico de história de crianças prevalecesse nessa discussão, é porque é o tipo que conheço melhor e amo mais, não porque deseje condenar qualquer outro. Mas os patronos dos outros tipos frequentemente desejam condenar esse. Cerca de uma vez a cada cem anos, alguns sabichões se levantam e tentam banir o conto de fadas. Talvez seja melhor eu dizer algumas palavras em sua defesa, como leitura para crianças.

O conto de fadas é acusado de dar a crianças uma impressão falsa do mundo em que vivem. Mas acho que nenhuma literatura que as crianças podem ler dá-lhes outra coisa senão impressão falsa. É mais provável, eu acho, que aquilo que proclamam ser histórias realistas para crianças as enganem. Nunca esperei que o mundo real fosse como os contos de fadas. Acho que eu esperava que a escola fosse como as histórias de escola. As fantasias não me enganaram; as histórias de escola, sim. Todas as histórias em que as crianças têm aventuras e sucessos que são possíveis, no sentido de que não violam as leis da natureza, mas quase infinitamente improváveis, oferecem maior perigo de gerar falsas expectativas do que os contos de fadas.

Quase a mesma resposta serve para a acusação popular de escapismo, embora aqui a questão não seja tão simples. Os contos de fadas ensinam as crianças a se retirarem para um mundo de realização de desejos — "fantasia" no sentido técnico e psicológico da palavra — em vez de enfrentar os problemas do mundo real? É aqui que o problema se torna sutil.

Vamos voltar a colocar o conto de fadas lado a lado com os livros de história da escola ou qualquer outra história que seja rotulada de "livro de menino" ou "livro de meninas", ao invés de "livro infantil". Não há dúvida de que ambos despertam, e imaginativamente satisfazem, desejos.

Sobre três modos de escrever para crianças

Nós desejamos passar pelo espelho para alcançar a terra das fadas. Também desejamos ser o estudante e a estudante imensamente popular e bem-sucedido, ou o menino ou a garota de sorte que descobre o complô do espião ou monta o cavalo que nenhum dos vaqueiros consegue dominar. Mas os dois desejos são muito diferentes. O segundo, especialmente quando dirigido a algo tão próximo como a vida escolar, é voraz e muito sério. Sua satisfação no nível da imaginação é verdadeiramente compensatória: corremos para tal desejo fugindo das decepções e das humilhações do mundo real; ele nos envia de volta ao mundo real indubitavelmente descontentes. Pois ele é todo lisonja para o ego. O prazer consiste em imaginar o objeto da admiração. O outro desejo, aquele pela terra de fadas, é muito diferente. Em certo sentido, uma criança não anseia pela terra de fadas como um garoto anseia ser o herói do time titular. Alguém supõe que ela realmente e prosaicamente anseia por todos os perigos e desconfortos de um conto de fadas? Que ela real queira dragões na Inglaterra contemporânea? Não é assim. Seria muito mais verdadeiro dizer que a terra das fadas desperta um anseio pelo que ela não sabe o que é. Isso a agita e a aflige (para o enriquecimento de toda a vida) com a sensação difusa de algo além do alcance dela e, longe de abafar ou esvaziar o mundo real, dá-lhe uma nova dimensão de profundidade. A criança não despreza florestas reais porque leu sobre florestas encantadas: a leitura faz todas as florestas reais um pouco encantadas. Esse é um tipo especial de desejo. O menino que lê o livro de história da escola — do tipo que tenho em mente — deseja sucesso e é infeliz (uma vez que o livro acaba) porque ele não alcançou aquilo; o menino que lê o conto de fadas deseja e está feliz com o próprio fato de desejar. Pois sua mente não se concentrou nele mesmo, como acontece frequentemente na história mais realista.

Não quero dizer que as histórias de escola para meninos e meninas não devam ser escritas. Estou apenas dizendo que são muito mais propensas a se tornar "fantasia" no sentido clínico do que as histórias fantásticas já o são. E essa distinção é válida para a leitura de adultos também. A fantasia perigosa é sempre superficialmente realista. A verdadeira vítima de um devaneio ilusório não ataca a *Odisseia*, *A tempestade* ou *The Worm Ouroboros*: ela prefere histórias sobre milionários, belezas irresistíveis, hotéis elegantes, praias com palmeiras e cenas no quarto — coisas que realmente poderiam acontecer, que deveriam acontecer, que poderiam ter acontecido se o leitor tivesse uma oportunidade justa. Pois, como eu disse, existem dois tipos de desejo. Um é uma *áskesis*, um exercício espiritual, e o outro é uma doença.

Um ataque muito mais sério ao conto de fadas como literatura infantil vem daqueles que não desejam que as crianças se assustem. Eu sofri demais com os terrores noturnos na infância para subestimar essa objeção. Eu não gostaria de aumentar o fogo desse inferno privado para qualquer criança. Por outro lado, nenhum de meus medos veio de contos de fadas. Os insetos gigantes eram minha especialidade, com os fantasmas no segundo e péssimo lugar. Suponho que os fantasmas tenham vindo, direta ou indiretamente, de histórias, embora certamente não de histórias de fadas; mas não acho que os insetos tenham vindo delas. Eu não sei o que meus pais poderiam ter feito ou deixado de fazer que pudesse me salvar das garras, das mandíbulas e dos olhos dessas abominações com muitas pernas. E essa, como muitas pessoas apontaram, é a dificuldade. Não sabemos o que vai ou não assustar uma criança desse modo em particular. Eu digo "desse modo em particular", pois aqui devemos fazer uma distinção.

Aqueles que dizem que não se deve amedrontar as crianças podem querer dizer duas coisas: (1) que não devemos fazer nada que possa, provavelmente, dar à criança os medos hediondos, incapacitantes e patológicos contra os quais a coragem comum é impotente: na prática, as *fobias*. Sua mente deve, se possível, ficar livre de coisas que ela não pode suportar pensar. Ou talvez queiram dizer (2) que devemos tentar manter fora da mente da criança o conhecimento de que ela nasceu em um mundo de morte, violência, feridas, aventura, heroísmo e covardia, bem e mal. Se eles pensam no primeiro significado, concordo com eles; mas não se pensam no segundo. O segundo seria, de fato, dar às crianças uma impressão falsa e alimentar nelas o escapismo no mau sentido. Há algo absurdo na ideia de educar uma geração que nasceu na época do Ogpu[2] e da bomba atômica. Já que é muito provável que as crianças

---

[2] Sigla do Diretório Político Estatal Unificado, criado em 1923, órgão de luta contra atividades contrarrevolucionárias da Rússia comunista. [N. T.]

conheçam inimigos cruéis, deixem-nas pelo menos ter ouvido falar de cavaleiros valentes e de coragem heroica. Caso contrário, você está apenas, tornando o destino delas mais tenebroso, e em nada mais brilhante. A maioria de nós também, não acha que a violência e o derramamento de sangue em uma história produzem qualquer medo assustador na mente das crianças. Na medida do possível, tomo, sem qualquer remorso, o partido da humanidade, contra o reformador moderno. Deixem que haja reis perversos e decapitações, batalhas e masmorras, gigantes e dragões, e deixem os vilões serem completamente mortos no final do livro. Nada me convencerá de que isso cause numa criança comum qualquer tipo ou grau de medo além do que ela deseja e precisa sentir. Pois, claro, ela quer estar um pouco assustada.

Os outros medos — as fobias — são uma questão diferente. Não acredito que se possa controlá-los por meios literários. Parece que os trazemos já prontos para o mundo conosco. Sem dúvida, a imagem particular pela qual o terror da criança foi fixado às vezes pode ser atribuída a um livro. Mas essa é a fonte, ou apenas a ocasião, do medo? Se ela tivesse sido poupada dessa imagem, alguma outra, bastante imprevisível por você, teria produzido o mesmo efeito? Chesterton nos contou sobre um menino que temia o Albert Memorial mais do que qualquer outra coisa no mundo. Conheço um homem cujo grande terror de infância foi a edição em papel da *Encyclopædia Britannica* feita na Índia — por uma razão que eu desafio você a adivinhar. E eu acho possível que, ao confinar seu filho a histórias irrepreensíveis de vida infantil em que nada de preocupante jamais aconteça, você não conseguirá banir os terrores, e conseguirá banir tudo o que pode enobrecê-lo ou torná-lo resiliente. Pois nas histórias de fada, lado a lado com as figuras terríveis, encontramos figuras consoladoras e protetoras imemoriais, as esplendorosas; e as figuras terríveis não são meramente terríveis, mas sublimes. Seria bom se nenhum garotinho na cama, ouvindo ou achando que ouve, um som, nunca se assustasse. Mas, se ele tiver de se assustar, acho melhor que ele pense em gigantes e dragões do que apenas em ladrões. E acho que são Jorge, ou qualquer outro cavaleiro em sua armadura radiante, é mais reconfortante que pensar na polícia.

Eu irei ainda mais longe. Se eu pudesse ter escapado de todos os meus medos noturnos ao preço de nunca ter conhecido nada "das fadas", eu sairia no lucro? Não estou sendo negligente. Os medos eram muito ruins. Mas acho que o preço teria sido alto demais.

Mas eu me afastei do meu tema. Isso foi inevitável, pois, dos três métodos, conheço por experiência apenas o terceiro. Espero que o título que dei não tenha levado ninguém a pensar que eu era suficientemente presunçoso para dar-lhe conselhos sobre como escrever uma história para crianças. Havia dois bons motivos para não fazer isso. Um é que muitas pessoas escreveram histórias muito melhor do que eu, e prefiro aprender sobre a arte a tentar ensiná-la. O outro é que, em certo sentido, eu nunca "criei" uma história. Comigo, o processo é muito mais semelhante a observar pássaros do que a falar ou a construir. Eu vejo imagens.

Algumas dessas imagens têm um sabor comum, quase um aroma comum, que as agrupa. Mantenho a calma e observo, e elas começarão a se juntar. Se você tiver muita sorte (eu nunca tive tanta sorte assim), um grupo todo de imagens pode se juntar de modo tão coerente que você tem ali uma história completa, sem você mesmo fazer nada. Entretanto, com mais frequência (na minha experiência, sempre), existem lacunas. Então, para rematar, você precisa inventar algumas coisas deliberadamente, tem de inventar os motivos pelos quais esses personagens devem estar nesses vários lugares fazendo essas várias coisas. Não tenho ideia se essa é a maneira usual de escrever histórias e menos ainda se é a melhor. É a única que conheço: as imagens sempre vêm primeiro.

Antes de concluir, gostaria de retornar ao que eu disse no início. Rejeitei qualquer consideração que comece com a pergunta: "Do que as crianças modernas gostam?" Posso ser inquirido: "Você também rejeita a consideração que começa com a pergunta: 'Do que as crianças modernas precisam?' — em outras palavras, com a consideração moral ou didática?" Penso que a resposta seja sim. Não porque não gosto de histórias que tenham uma moral, certamente não porque eu pense que as crianças não gostem de uma moral. Em vez disso, tenho certeza de que a pergunta "Do que as crianças modernas precisam?" não nos levará a uma boa moral. Se fizermos essa pergunta, estaremos assumindo uma atitude muito superior. Seria melhor perguntar: "De qual moral eu preciso?", pois penso que podemos ter certeza de que o que não nos interessa de modo profundo não interessará do mesmo modo a nossos leitores, independentemente da idade. Mas é melhor não fazer as perguntas. Deixe as imagens contarem sua própria moral. Pois a moral inerente nelas surgirá de quaisquer raízes espirituais que você tenha conseguido descobrir durante todo o curso de sua vida. Mas, se elas não lhe mostram nenhuma moral, não coloque uma. Pois a moral que você coloca nelas é provavelmente um lugar-comum, ou mesmo uma falsidade, escumado da superfície de sua consciência. É impertinente oferecer às crianças isso. Pois nos tem sido dito, por altas autoridades, que, na esfera moral, elas são provavelmente pelo menos tão sábias quanto nós. Qualquer pessoa que *possa* escrever uma história para crianças sem uma moral, é melhor fazê-lo assim; isto é, se ela vai mesmo escrever histórias infantis. A única moral que é de algum valor é a que brota inevitavelmente de todo *arcabouço* da mente do autor.

Na verdade, tudo na história deve surgir do *arcabouço* da mente do autor. Devemos escrever para crianças a partir desses elementos em nossa própria imaginação que compartilhamos com elas, diferindo de nossos leitores infantis não por nenhum interesse menor ou menos sério pelas coisas com que lidamos, mas pelo fato de termos outros interesses que as crianças não compartilham conosco. A matéria de nossa história deve ser parte do mobiliário habitual de nossa mente. Assim, imagino, aconteceu com todos os grandes escritores de literatura infantil, mas isso geralmente não é entendido. Um crítico há não muito tempo disse, em elogio a um conto de fadas muito sério, que o autor não usou ironias, gracejos e brincadeiras. Mas por que diabos deveria? Nem tudo precisa de uma piscada de olhos no final para entendermos que há algo mais acontecendo.

Nada me parece mais fatal, para essa arte, do que a ideia de que tudo o que compartilhamos com as crianças deve ser, no sentido estrito, "infantil" e que tudo o que é infantil é, de alguma forma, cômico. Devemos considerar as crianças como iguais naquela área de nossa natureza em que somos seus iguais. Nossa superioridade consiste, em parte, em comandar outras áreas e, em parte (o que é mais relevante), no fato de sermos melhores em contar histórias do que elas. O menino como leitor não deve ser protegido nem idolatrado — falamos com ele de homem para homem. Mas a pior atitude de todas seria a atitude profissional que considera as crianças em conjunto como uma espécie de matéria-prima com que temos de lidar. Devemos, naturalmente, tentar não fazer-lhes nenhum mal; podemos, dependendo da Onipotência, às vezes nos atrever a esperar fazer-lhes o bem. Mas apenas o bem que envolve tratá-las com respeito. Não devemos imaginar que somos Providência ou Destino. Não vou dizer que uma boa história para crianças nunca possa ser escrita por alguém do Ministério da Educação, pois todas as coisas são possíveis. Mas eu apostaria pouco nisso.

Uma vez, na sala de jantar de um hotel, eu disse, de forma muito audível: "Detesto ameixas secas". "Eu também!", veio de outra mesa uma voz inesperada de seis anos. A identificação foi instantânea. Nenhum de nós achou engraçado. Nós dois sabíamos que as ameixas secas são desagradáveis demais para serem engraçadas. Esse é o encontro adequado entre homem e criança como personalidades independentes. Das relações muito mais elevadas e mais difíceis entre filho e pai ou aluno e professora não digo nada. Um autor, como mero autor, está fora de tudo isso. Ele nem mesmo é um tio. Ele é um homem livre e um igual, como o carteiro, o açougueiro e o cachorro da casa ao lado.

CAPÍTULO 5

Por vezes, os contos *de* fadas *podem dizer melhor o que deve ser* dito

No século XVI, quando todos diziam que os poetas (ou seja, todos os escritores imaginativos) deveriam "agradar e instruir", Tasso[1] fez uma valiosa distinção. Ele disse que o poeta, enquanto poeta, preocupava-se unicamente com o prazer. Mas todo poeta era também homem e cidadão; nessa qualidade ele deveria, e desejaria, tornar sua obra edificante e agradável.

Agora não quero me ater muito às ideias renascentistas de "agradar" e "instruir". Antes de eu aceitar qualquer um dos termos, talvez seja necessário redefinir que aquilo que restou dessas ideias, no final, não seria digno de reter. Somente farei uso da distinção entre o autor como autor e o autor como homem, cidadão ou cristão. O que isso me traz é que geralmente há duas razões para escrever uma obra de imaginação, as quais podem ser chamadas de razão do Autor e razão do Homem. Se apenas uma dessas estiver

---

[1] Autor pode estar se referindo a Bernardo Tasso (1493—1569) ou a Torquato Tasso (1544—1595), seu filho, ambos poetas italianos. [N.T.]

presente, então, no que me diz respeito, o livro não será escrito. Se a primeira estiver faltando, ele não poderá; se faltar a segunda, ele não deveria.

Na mente do Autor emerge de vez em quando o material para uma história. Para mim, invariavelmente começa com imagens mentais. Esse fermento não leva a nada, a menos que seja acompanhado pelo anseio de uma Forma: verso ou prosa, história curta, romance, peça de teatro ou o que for. Quando essas duas coisas se encontram, você tem completo o impulso do Autor. É agora uma coisa dentro dele se empenhando para sair. Ele anseia ver as coisas borbulhantes se derramando em uma Forma, tal como a dona de casa anseia para ver a nova geleia sendo derramada no limpo pote de geleia. Isso o importuna durante todo o dia e invade seu trabalho e seu sono e suas refeições. É como estar apaixonado.

Embora o Autor esteja nesse estado, o Homem, é claro, terá de criticar o livro proposto a partir de um ponto de vista bastante diferente. Ele vai perguntar como a gratificação desse impulso se encaixa com todas as outras coisas que ele quer e deveria fazer ou ser. Talvez a coisa toda seja muito frívola e trivial (do ponto de vista do Homem, não o do Autor) para justificar o tempo e os esforços que isso envolveria. Talvez teria sido pouco edificante quando pronto. Ou, quiçá, na verdade, (neste ponto, o Autor se anima), parece que será "bom", não apenas no sentido literário, mas "bom" de modo geral.

Isso pode soar bastante complicado, mas é realmente muito parecido com o que acontece com outras coisas.

Você é atraído por uma garota, mas ela é o tipo de garota com quem seria sábio, ou certo, se casar? Você gostaria de comer lagosta no almoço, mas será que vai cair bem e será que é escandaloso gastar essa quantidade de dinheiro em uma refeição? O impulso do Autor é um desejo (é muito parecido com uma coceira) e, sem dúvida, como qualquer outro desejo, precisa ser criticado pelo Homem em sua totalidade.

Deixe-me agora aplicar isso a meus próprios contos de fadas. Algumas pessoas parecem pensar que comecei me perguntando como poderia dizer algo sobre o cristianismo às crianças; então, defini o conto de fadas como instrumento; a seguir, recolhi informações sobre psicologia infantil e decidi para qual faixa etária escreveria; depois, elaborei uma lista de verdades cristãs básicas e moldei "alegorias" para incorporá-las. Isso tudo é pura bobagem. Eu não conseguiria escrever dessa maneira. Tudo começou com imagens: um fauno carregando um guarda-chuva, uma rainha em um trenó, um magnífico leão. No começo, nem havia nada de cristão sobre eles; esse elemento apareceu por vontade própria. Fazia parte da ebulição.

Então, veio a Forma. À medida que essas imagens se arranjavam em acontecimentos (ou seja, tornavam-se uma história), elas pareciam não exigir nenhum interesse de amor e nenhuma psicologia próxima. Mas a Forma que exclui essas coisas é o conto de fadas. E, no momento em que pensei sobre isso, eu me apaixonei pela própria Forma: sua brevidade, suas restrições severas à descrição, seu tradicionalismo flexível, sua hostilidade inflexível a toda análise, digressão, reflexão e "conversa fiada". Fiquei apaixonado por ela. Suas próprias limitações de vocabulário tornaram-se uma atração, como a dureza da pedra agrada ao escultor ou a dificuldade do soneto deleita aquele que o escreve.

Por esse aspecto, como Autor, escrevi contos de fadas porque o conto de fadas parecia a Forma ideal para as coisas que eu tinha de dizer.

Então, claro, chegou a vez do Homem em mim. Penso que vejo como histórias desse tipo poderiam derrubar sorrateiramente determinada inibição que paralisara grande parte de minha própria religião na infância. Por que as pessoas consideram tão difícil sentir o que lhes é dito que deviam sentir sobre Deus ou sobre os sofrimentos de Cristo? Concluí que o principal motivo era que lhes tinha sido dito o que deveriam fazer. A obrigação de sentir pode congelar sentimentos. E a própria reverência prejudicava. O assunto todo estava associado a vozes sussurradas, quase como se fosse algo medicinal. Mas, supondo que, ao lançar todas essas coisas em um mundo imaginário, poderia tirá-las de sua associação a vitrais e a escolas dominicais, seria possível fazê-las, pela primeira vez, aparecer em sua potência real? Será que não conseguiríamos, então, passar sorrateiramente por esses dragões atentos? Eu penso que sim.

Esse era o motivo do Homem. Mas é claro que ele não poderia ter feito nada se o Autor não estivesse em ebulição primeiro.

Você notará que tenho falado sobre contos de fadas, não sobre "histórias infantis". O professor J. R. R. Tolkien, em

O Senhor dos Anéis,[2] mostrou que a relação entre contos de fadas e crianças não é tão próxima como editores e educadores pensam. Muitas crianças não gostam deles e muitos adultos os apreciam. A verdade, como ele diz, é que os contos estão agora associados a crianças porque estão fora de moda para adultos; de fato, foram levados para o quarto das crianças como costuma acontecer com móveis antigos, não porque as crianças começaram a gostar, mas porque os mais velhos deixaram de gostar.

Eu, portanto, estava escrevendo "para crianças" apenas no sentido de excluir o que eu supunha que não gostariam ou não entenderiam, não no sentido de escrever para estar aquém do interesse do adulto. Eu posso, é claro, ter-me enganado, mas o princípio, pelo menos, salvou-me de ser condescendente. Nunca escrevi para todos; e, se a opinião condena ou absolve meu próprio trabalho, é certamente minha opinião que um livro que vale a pena ser lido apenas na infância não vale a pena ser lido. As inibições que eu esperava que minhas histórias superassem na mente de uma criança também podem existir na mente de um adulto e talvez sejam superadas pelos mesmos meios.

O Fantástico ou o Mítico é um Modo disponível em todas as idades para alguns leitores; para outros, em idade alguma. Em todas as idades, se é bem usado pelo autor e atende ao leitor correto, ele tem o mesmo poder: generalizar

---

[2] Penso que Lewis, na realidade, estava se referindo ao ensaio do professor Tolkien chamado "On Fairy-Stories" [Sobre contos de fadas], em *Essays Presented to Charles Williams* (1947), p. 58.

enquanto permanece concreto, apresentar de forma palpável não conceitos ou mesmo experiências, mas classes inteiras de experiência e descartar irrelevâncias. Mas, em seu melhor, pode fazer mais: pode nos dar experiências que nunca tivemos e, portanto, em vez de "comentar a vida", pode enriquecê-la. Estou falando, é claro, sobre a coisa em si, não de minhas próprias tentativas.

"Juvenis", de fato! Tenho de menosprezar o sono porque as crianças dormem profundamente? Ou o mel porque as crianças gostam dele?

CAPÍTULO 6

Sobre gostos *juvenis*

Há não muito tempo, vi em algum jornal a afirmação de que "as crianças são uma raça distinta". Algo assim parece ser tomado como fato hoje por muitos que escrevem, e ainda mais por quem critica, o que é chamado de livros infantis ou "juvenis". As crianças são consideradas, para todos os efeitos, uma espécie *literária* distinta, e a produção de livros que atendem a seu gosto supostamente ímpar e estranho se tornou uma indústria, e uma que recebe pesados investimentos.

Essa teoria não me parece corroborada pelos fatos. Por um lado, não há um gosto literário comum a todas as crianças. Encontramos entre elas todos os mesmos tipos que há entre nós. Muitas delas, como muitos de nós, nunca leem quando podem encontrar algum outro entretenimento. Algumas delas escolhem livros calmos, realistas, de "cenas da vida" (por exemplo, *The Daisy Chain*),[1] enquanto outras escolhem Trollope.

---

[1] Livro publicado em 1856, é a obra mais conhecida da novelista inglesa Charlotte M. Yonge (1823—1901). [N. T.]

Sobre gostos juvenis

Algumas gostam de fantasias e maravilhas, assim como alguns de nós gostamos de *Odisseia*,[2] Boiardo,[3] Ariosto,[4] Spenser,[5] ou Mervyn Peake.[6] Algumas se interessam só por livros de informação, como o fazem também alguns adultos. Algumas delas, como alguns de nós, são "onívoras". Crianças tolas preferem histórias de sucesso sobre a vida escolar, assim como adultos tolos gostam de histórias de sucesso sobre a vida adulta.

Podemos tratar do assunto de maneira diferente, elaborando uma lista de livros que, segundo me disseram, são geralmente apreciados pelos jovens. Suponho que Esopo, *As mil e uma noites*, *Viagens de Gulliver*, *Robinson Crusoé*, *A ilha do tesouro*, *As aventuras de Pedro Coelho* e *O vento nos salgueiros* seriam uma escolha razoável. Somente os três últimos foram escritos para crianças, e estes três são lidos com prazer por muitos adultos. Eu não gostei de *As mil e uma noites* quando criança e continuo não gostando.

Pode ser argumentado contra isso que o prazer que as crianças experimentam com alguns livros voltados para os mais velhos não refuta, de modo nenhum, a doutrina de

---

[2] Um dos dois principais poemas épicos gregos atribuídos a Homero, tal como a *Ilíada*, também atribuído a ele. [N. T.]
[3] Mateus Maria Boiardo (1441—1494), poeta italiano, autor de *Orlando enamorado*. [N. T.]
[4] Ludovico Ariosto (1474—1533), poeta italiano, autor de *Orlando furioso*, continuação da obra de Boiardo. [N. T.]
[5] Edmund Spenser (1552—1599), poeta inglês conhecido por sua poesia renascentista. Sua obra mais conhecida é *A rainha das fadas*, um épico a respeito da luta entre católicos e protestantes. [N. T.]
[6] Mervyn Peake (1911—1968) escritor e poeta inglês, autor da obra de fantasia gótica *Gormenghast*. [N. T.]

que existe um gosto especificamente infantil. Elas selecionam (você pode dizer) essa minoria de livros comuns que lhes convém, assim como um estrangeiro na Inglaterra pode selecionar os pratos ingleses que se aproximam de seu paladar estrangeiro. E, em geral, tem-se considerado que o gosto especificamente infantil tende para as histórias de aventura e de coisas surpreendentes.

Mas isso, você pode notar, implica considerar como especificamente infantil um gosto que em muitos tempos e lugares, talvez na maior parte deles, tenha sido o de toda a humanidade. Essas histórias da mitologia grega ou da nórdica, de Homero, de Spenser, ou do folclore, que as crianças (mas de modo algum todas as crianças) leem com prazer foram uma vez o deleite de todos.

Até mesmo o conto de fadas propriamente dito não foi, em sua origem, destinado a crianças; ele foi contado e apreciado (por incrível que pareça) na corte de Luís XIV. Como o professor Tolkien apontou, isso foi levado para o quarto das crianças quando saiu de moda entre os adultos, assim como os móveis antiquados vão para o quarto das crianças. Mesmo que todas as crianças e nenhum adulto no presente gostassem do maravilhoso — e não é o caso —, não devemos dizer que a peculiaridade das crianças está em gostar disso. A peculiaridade é que elas *ainda* gostam disso, mesmo no século XX.

Não me parece útil dizer: "O que encantou a infância das espécies naturalmente ainda deleita a infância do indivíduo". Isso envolve um paralelo entre indivíduos e espécies que não estamos em posição de delinear. Qual é a idade do

Sobre gostos juvenis

Homem? A humanidade está agora em sua infância, em sua maturidade ou em sua senilidade? Como não sabemos exatamente quando ela começou, e não temos noção de quando terminará, essa parece uma pergunta sem sentido. E quem sabe se chegará à maturidade? O homem pode ser morto na infância.

Certamente seria menos arrogante, e mais verdadeiro com respeito à evidência, dizer que a peculiaridade dos leitores infantis é que eles não são peculiares. Nós é que somos peculiares. Moda no gosto literário vai e vem entre os adultos, e cada período tem seus próprios xiboletes. Estes, quando são bons, não melhoram o gosto das crianças e, quando são ruins, não o corrompem, pois as crianças leem apenas por prazer. É claro que seu vocabulário limitado e sua ignorância geral tornam alguns livros ininteligíveis para elas. Mas, fora isso, o gosto juvenil é simplesmente o gosto humano, passando de geração para geração, tolo com uma tolice universal ou sábio com uma sabedoria universal, independentemente de modos, movimentos e revoluções literárias.

Isso tem um resultado curioso. Quando o *establishment* literário — o cânone aprovado a respeito de gosto — é tão extremamente jejuno e restrito como é hoje, muito tem de ser dirigido às crianças, em primeiro lugar, para que tenha chance de ser impresso. Aqueles que têm uma história para contar devem atrair o público que ainda se importa com a narrativa.

O mundo literário de hoje está pouco interessado na arte narrativa como tal; está (pre)ocupado com novidades técnicas e com "ideias", não ideias literárias, mas sociais ou psicológicas. As ideias (no sentido literário) com as quais *Os pequeninos Borrowers*, de Mary Norton, ou *Mistress Masham's Repose* [O repouso da Sra. Masham], de T. H. White, são construídos não precisarão ser incorporadas aos "juvenis" na maioria das épocas.

Segue-se que agora existem dois tipos muito diferentes de "escritores para crianças". O tipo errado acredita que as crianças são "uma raça distinta". Os desse tipo "compõem" os gostos dessas estranhas criaturas — como um antropólogo que observa os hábitos de uma tribo selvagem — ou mesmo os gostos de uma faixa etária claramente definida dentro de uma classe social particular dentro da "raça distinta". Eles não servem o prato de que gostam, mas aquele de que essa raça supostamente gosta. Os motivos educacionais e morais, bem como comerciais, podem entrar em cena.

Os do tipo certo trabalham a partir do terreno comum, universalmente humano, que eles compartilham com as crianças e, de fato, com inúmeros adultos. Eles rotulam seus livros como "infantis" porque as crianças são o único mercado agora reconhecido pelos livros que eles, de qualquer maneira, querem escrever.

CAPÍTULO 7

Tudo começou com uma imagem...

O editor me pediu para lhe dizer como eu vim a escrever *O Leão, a Feiticeira e o Guarda-roupa*. Vou tentar, mas você não deve acreditar em todos os autores que lhe contam sobre como eles escreveram seus livros. Não porque eles queiram contar mentiras, e sim porque um homem que escreve uma história está empolgado demais com a história em si para relaxar e perceber como está fazendo isso. Na verdade, isso pode parar as atividades, assim como, se você começar a pensar sobre como dar o nó na gravata, descobrirá que não consegue fazê-lo. E depois, quando a história estiver concluída, ele terá esquecido muito de como foi tê-la escrito.

De uma coisa tenho certeza: todos os meus sete livros de Nárnia e meus três livros de ficção científica começaram com imagens em minha cabeça. No começo, não eram uma história, apenas imagens. *O Leão* começou com uma imagem de um Fauno[1] carregando um guarda-chuva e de um pacote em uma floresta nevada. Essa imagem esteve

---
[1] Respeitadas as iniciais maiúsculas do original. [N. T.]

Sobre histórias

em minha mente desde os dezesseis anos. Então, um dia, quando eu tinha cerca de quarenta anos, eu me disse: "Vamos tentar fazer uma história sobre isso".

No começo, eu tinha pouca ideia de como a história iria transcorrer. Mas, de repente, Aslam entrou nela. Acho que eu estava tendo muitos sonhos com leões nessa época. Além disso, não sei de onde nem por que veio o Leão ou por que Ele veio. Mas, já que estava lá, Ele cooperou com a história toda, e logo puxou as outras seis histórias de Nárnia depois de Si.

Assim, você vê que, em certo sentido, eu sei muito pouco sobre como essa história nasceu. Ou seja, não sei de onde as imagens vieram. E não acredito que alguém saiba exatamente como "se inventa coisas". Inventar é uma coisa muito misteriosa. Quando você "tem uma ideia", consegue dizer a alguém exatamente *como* pensou nisso?

CAPÍTULO 8

Sobre *ficção científica*

Às vezes, uma aldeia ou uma pequena cidade que conhecemos a vida toda se torna o local de um assassinato, de um romance ou de um centenário e, por alguns meses, todos sabem o nome dela e multidões vão visitá-la. Uma coisa semelhante acontece com os passatempos particulares. Eu tinha caminhado e lido Trollope durante anos, quando fui repentinamente atingido, como por uma onda vinda detrás, por uma explosão de interesse por Trollope e por uma mania de curta duração pelo que se chamava de caminhadas. E recentemente tive mais uma vez o mesmo tipo de experiência. Eu li obras incríveis de ficção de todos os tipos desde que aprendi a ler, incluindo, claro, o tipo particular que Wells usou em *A máquina do tempo*, *Primeiros homens da Lua* e outros. Então, há aproximadamente quinze ou vinte anos, tomei consciência de um crescimento na produção de histórias desse tipo. Na América, revistas inteiras começaram a dedicar-se exclusivamente a elas. O resultado era geralmente detestável; os conceitos, às vezes dignos de um melhor tratamento. Por volta dessa época, o nome

Sobre histórias

cientificção, em breve alterado para *ficção científica*, começou a ser comum. Então, talvez cinco ou seis anos atrás, com o crescimento continuando e até aumentando, houve uma melhoria: não que histórias muito ruins tenham deixado de ser a maioria, mas as boas se tornaram melhores e mais numerosas. Foi depois disso que o gênero começou a atrair a atenção (sempre, eu acho, desdenhosa) dos semanários literários. Parece, de fato, ser um duplo paradoxo em sua história: começou a ser popular quando menos mereceu popularidade e a instigar o desprezo crítico assim que deixou de ser totalmente desprezível.

Dos artigos que li sobre o assunto (e devo ter deixado vários passar), acho que não posso fazer uso de nenhum. Por um lado, a maioria não estava muito bem embasada; por outro, muitos eram pessoas que claramente odiavam o tipo de literatura sobre o qual escreviam. É muito perigoso escrever sobre algo que você odeia. O ódio obscurece todas as distinções. Eu não gosto de histórias de detetive, e, portanto, todas as histórias de detetive soam, para mim, muito parecidas — se eu escrevesse sobre elas, iria, infalivelmente, escrever disparates. A crítica dos tipos, distinta da crítica das obras, não pode, naturalmente, ser evitada: eu mesmo farei uma crítica de uma subespécie da ficção científica. Mas penso que esse é o tipo de crítica mais subjetivo e menos confiável. Acima de tudo, não se deve mascarar o tal como crítica de obras individuais. Muitas análises são inúteis porque, ao pretenderem condenar o livro, elas apenas revelam a aversão do crítico pelo tipo a que o livro pertence. Deixe que as tragédias ruins sejam censuradas por aqueles que amam a tragédia, e as histórias de detetive ruins, por aqueles que amam histórias de detetive. Então, devemos estudar suas falhas reais. Caso contrário, devemos encontrar épicos culpados por não serem romances; farsas, por não serem altas comédias; romances de James,[1] por falta da ação rápida de Smollett.[2] Quem quer ouvir determinado vinho tinto sendo insultado por um abstêmio fanático, ou determinada mulher, por um misógino declarado?

Além disso, a maioria desses artigos estava principalmente preocupada em explicar o crescimento da produção e do consumo de ficção científica em bases sociológicas e psicológicas. Essa é, sem dúvida, uma tentativa perfeitamente legítima. Mas aqui, como em outros lugares, aqueles que odeiam a coisa que estão tentando explicar talvez não sejam os mais adequados para dar uma explicação. Quem nunca gostou de uma coisa e não sabe o que se sente ao apreciá-la dificilmente saberá que tipo de pessoa busca isso, com qual estado de espírito e atrás de que tipo de gratificação. E, ao não saber que tipo de pessoa elas são, você estará mal equipado para descobrir quais condições as fizeram assim. Desse modo, pode-se dizer de um tipo não só (como Wordsworth[3] diz do poeta) que "você deve amar antes de você parecer digno de seu amor", mas que, pelo

---

[1] Provavelmente Henry James Jr. (1843—1916), escritor nascido na América e naturalizado britânico, figura de destaque do realismo na literatura do século XIX. [N.T.]
[2] Tobias George Smollett (1721—1771), poeta e escritor escocês. [N.T.]
[3] William Wordsworth (1770—1850), o maior poeta romântico inglês. [N.T.]

menos, você tenha amado aquilo uma vez, mesmo para alertar os outros contra aquilo.

Mesmo que seja um vício ler ficção científica, aqueles que não conseguem entender a própria tentação desse vício não serão capazes de nos dizer nada de valor sobre ele, assim como alguém como eu, por exemplo, que não gosta do jogo de cartas, não consegue encontrar nada de muito útil para dizer, na forma de advertência, contra o apego ao jogo. Será como a frígida pregando castidade, os sovinas nos advertindo contra a prodigalidade, os covardes denunciando a precipitação. E uma vez que, como eu disse, o ódio assimila todos os objetos detestados, isso fará você assumir que todas as coisas agrupadas como ficção científica são do mesmo tipo, e que os pensamentos de todos os que gostam de ler qualquer uma delas são os mesmos. É provável que isso faça o problema de explicar o crescimento parecer mais simples do que realmente é.

Eu mesmo não vou tentar explicar isso. Não estou interessado nesse crescimento. Não significa nada para mim se determinada obra faz parte dele ou se foi escrita muito antes de ele ocorrer. A existência do crescimento não pode tornar intrinsecamente melhor ou pior o tipo (ou os tipos); embora, claro, exemplos ruins ocorram com maior frequência dentro desse último.

Vou agora tentar dividir essa espécie de narrativa em suas subespécies. Começarei com a subespécie que considero radicalmente ruim, para tirá-la do caminho.

Nessa subespécie, o autor avança para um futuro imaginado em que as viagens planetárias, siderais ou mesmo galáticas se tornaram comuns. Com esse enorme pano de fundo, ele, então, desenvolve uma história comum de amor, de espionagem, de naufrágio ou de crime. Isso me parece insípido. Em uma obra de arte, tudo o que não é usado está causando dano.

A cena e as propriedades imaginadas de modo vago, e às vezes completamente inimagináveis, apenas desfocam o tema real e nos distraem de qualquer interesse que ele pudesse gerar. Presumo que os autores desse tipo de histórias são, por assim dizer, Pessoas Deslocadas: autores comerciais que não queriam realmente escrever ficção científica, mas que aproveitaram sua popularidade, dando um verniz de ficção científica a seu tipo normal de obras. Mas devemos fazer uma distinção. Um salto para o futuro, uma rápida suposição de todas as mudanças que se crê terem ocorrido, é um "motor" legítimo se permitir ao autor desenvolver uma história de valor real que não poderia ter sido contada (ou não tão economicamente) de alguma outra forma. Assim, John Collier, em *Tom's A-Cold: A Tale* (1933), quis escrever uma história de ação heroica entre povos semibárbaros, mas apoiada pela tradição sobrevivente de uma cultura literária recentemente deposta.

Ele poderia, é claro, encontrar uma situação histórica adequada a seu propósito em algum lugar no início da Era das Trevas. Mas isso envolveria todo tipo de detalhe arqueológico que estragaria seu livro se fosse apresentado de forma superficial e talvez distraísse nosso interesse se tivesse sido feito de maneira aprofundada. Por isso, em minha opinião, o autor está plenamente justificado em colocar esse estado de coisas na Inglaterra após a destruição de nossa civilização atual. Isso permite-lhe (e a nós) supor clima, flora e fauna familiares. Ele não está interessado no processo pelo qual a mudança ocorreu. Tudo acabou antes que a cortina subisse. Essa suposição é equivalente às regras de seu jogo; a crítica aplica-se apenas à qualidade de sua peça.

Um uso muito mais frequente de salto para o futuro, em nosso tempo, é satírico ou profético: o autor critica as tendências do presente, imaginando-as implementadas ("produzidas", como diria Euclides)[4] em seu limite lógico. *Admirável mundo novo* e *1984* vêm à mente. Não consigo ver nenhuma objeção a essa "máquina". Tampouco vejo muita utilidade em discutir, como alguém fez, se os livros que a usam podem ser chamados de "romances" ou não. Isso é meramente uma questão de definição. Você pode definir o romance para excluí-los ou para incluí-los. A melhor definição é a que se revela mais conveniente. E, claro, conceber uma definição com o objetivo de excluir *As ondas*[5] em uma direção ou o *Admirável mundo novo* em outra, e depois culpá-los por serem excluídos, é uma tolice.

Portanto, não estou condenando todos os livros que supõem um futuro muito diferente do presente, mas aqueles que o fazem sem uma boa razão, que saltam mil anos

---

[4] Possivelmente Euclides de Megara (c. 435 a.C.—c. 365 a.C.), filósofo socrático grego, discípulo de Sócrates. [N. T.]
[5] A obra mais experimental de Virginia Woolf (1882—1941), publicada em 1931. [N. T.]

para encontrar enredos e paixões que poderiam ter encontrados em casa.

Tendo condenado essa subespécie, fico feliz por me voltar para outra que acredito ser legítima, embora eu mesmo não tenha o menor gosto por ela. Se a primeira é a ficção das Pessoas Deslocadas, esta pode ser chamada de ficção de Engenheiros. São livros escritos por pessoas que estão principalmente interessadas em viagens espaciais ou em outras técnicas não descobertas como possibilidades reais no universo atual. Elas nos dão, na forma imaginativa, suas suposições sobre como a coisa pode ser. *Vinte mil léguas submarinas*, de Júlio Verne, e *The Land Ironclads* [Os couraçados terrestres], de Wells, já foram exemplares dessa espécie, embora a chegada do submarino real e do tanque real tenha alterado o interesse original que despertavam. *Prelude to Space* [Prelúdio ao espaço], de Arthur C. Clarke, é outro. Eu tampouco tenho instrução científica para criticar essas histórias pelo aspecto mecânico; e sou tão completamente desprovido de simpatia pelos projetos que elas preveem que sou incapaz de criticá-las como histórias. Eu sou tão cego para seu apelo quanto um pacifista o é para *Maldon*[6] e *Lepanto*,[7] ou um aristocratofóbico (se posso

---

[6] *A batalha de Maldon* é um poema inglês que celebra o acontecimento histórico de mesmo nome, ocorrido em 991, em que anglo-saxões foram derrotados em uma invasão viking. [N. T.]

[7] Livro de G. K. Chesterton (1874—1936), um poema sobre a batalha de Lepanto, conflito naval travado entre uma esquadra da Liga Santa (católica) e o Império Otomano a fim de impedir o avanço turco na Europa. [N. T.]

cunhar a palavra) o é para *Arcadia*.[8] Mas Deus me livre de considerar as limitações de minha afinidade como algo além de uma luz vermelha que me alerta a nem começar a criticar. Até onde sei, essas podem ser histórias muito boas em sua própria espécie.

Penso que seja útil distinguir dessas Histórias de Engenheiros uma terceira subespécie em que o interesse é, em certo sentido, científico embora especulativo. Quando aprendemos com as ciências a natureza provável de lugares ou condições que nenhum ser humano experimentou, há, em homens normais, um impulso para tentar imaginá-las. Por acaso algum homem é tão cabeça-dura que consiga olhar para a Lua através de um bom telescópio sem se perguntar o que seria andar entre aquelas montanhas debaixo de um céu escuro e estrelado? Os próprios cientistas, no momento em que vão além das afirmações unicamente matemáticas, dificilmente podem evitar descrever os fatos em termos de seu provável efeito sobre os sentidos de um observador humano. Estenda isso e dê, ao lado da experiência sensorial desse observador, os prováveis pensamentos e as emoções dele, e você imediatamente terá uma ficção científica rudimentar.

E, claro, os homens estão fazendo isso há séculos. Como seria o Hades se você pudesse ir vivo até lá? Homero envia Odisseu para lá e responde. Ou como seria estar nas antípodas? (Porque essa era uma questão do mesmo tipo, uma

---

[8] Provavelmente *The Countess of Pembroke's Arcadia* [A Arcádia da condessa de Pembroke], de Philip Sidney (1154—1586). [N. T.]

Sobre ficção científica

vez que os homens acreditavam que a zona tórrida as tornava sempre inacessíveis.) Dante leva você lá: ele descreve, com todo o entusiasmo dos autores de ficção científica que surgiriam mais adiante, como foi surpreendente ver o Sol nessa posição. Melhor ainda: como seria se você pudesse chegar ao centro da Terra? Dante diz-lhe no final de *Inferno*, em que ele e Virgílio, depois de descer dos ombros até a cintura de Lúcifer, acham que devem subir da cintura até os pés dele, porque, claro, passaram pelo centro de gravitação. É um efeito perfeito de ficção científica.

Temos algo assim também com Athanasius Kircher, que, em seu *Iter Extaticum Coeleste* (1656), levará você a todos os planetas e à maioria das estrelas, apresentando tão vividamente quanto pode o que você veria e sentiria se fosse possível. Ele, como Dante, usa meios de transporte sobrenaturais. Em *Os primeiros homens da Lua*, de Wells, temos meios que simulam ser naturais. O que mantém sua história dentro dessa subespécie e a distingue das Histórias de Engenheiros é a escolha de uma substância bastante impossível chamada *cavorita*. Essa impossibilidade é, sem dúvida, um mérito, não um defeito. Um homem de sua inventividade poderia facilmente ter pensado em algo mais plausível. Porém, quanto mais plausível, pior. Isso atrairia apenas interesse pelas possibilidades de chegar à Lua, um interesse alheio a sua história. Não importa como eles chegaram lá; estamos imaginando como seria. O primeiro vislumbre do desvendado céu sem vento, a paisagem lunar, a leveza lunar, a incomparável solidão, depois o crescente terror, finalmente a esmagadora aproximação da noite lunar — é por essas coisas que a história (especialmente em sua forma original e mais curta) existe.

Não consigo compreender como alguém pode pensar que essa forma é ilegítima ou desprezível. Pode muito bem ser conveniente não chamar coisas assim de romances. Se preferir, chame-as de uma forma de romance específico. De qualquer forma, a conclusão será a mesma: elas devem ser julgadas por suas próprias regras. É absurdo condená-las porque geralmente não apresentam alguma caracterização profunda ou sensível. As pessoas não deveriam fazê-lo. É um erro se o fizerem. Cavor e Bedford, de Wells, são personagens não com poucas, mas com demasiadas características. Todo bom escritor sabe que, quanto mais incomuns são as cenas e os acontecimentos de sua história, mais leves, mais comuns, mais típicos seus personagens devem ser. Por isso, Gulliver é um pequeno homem comum e Alice é uma garotinha comum. Se tivessem sido mais notáveis, teriam destruído os livros em que aparecem. Mesmo o Velho Marinheiro[9] é um homem muito comum. Dizer o quanto coisas estranhas impressionam pessoas estranhas é exagerar na excentricidade: aquele que está vendo coisas estranhas não deve ser estranho. Ele deve ser o mais próximo possível do Homem-comum ou Homem-qualquer. Claro, não devemos confundir a caracterização leve ou típica com a caracterização impossível ou pouco convincente. A falsificação

---

[9] Personagem do poema épico "A balada do velho marinheiro" (1798), que marca o início da literatura romântica na Inglaterra, escrito por Samuel Taylor Coleridge (1772—1834). [N. T.]

Sobre ficção científica

de um personagem sempre estragará uma história. Mas, aparentemente, o personagem pode ser reduzido, simplificado, em qualquer extensão com resultados muito satisfatórios. As maiores baladas são um exemplo.

Sem dúvida, determinado leitor pode estar interessado (alguns leitores parecem estar) em nada mais no mundo a não ser estudos detalhados de personalidades humanas complexas. Se assim for, ele tem uma boa razão para não ler livros daquela espécie, que não exigem nem admitem isso. Ele não tem motivo para condená-los e, de fato, nenhuma qualificação para deles falar. Não devemos permitir que o romance de costumes estabeleça leis para toda a literatura: deixe-a governar-se em seus próprios termos. Não devemos ouvir a máxima de Alexander Pope sobre o estudo adequado da humanidade. O estudo apropriado do homem é tudo. O estudo apropriado do homem como artista é tudo o que dá um ponto de apoio à imaginação e às paixões.

Mas, embora eu pense que essa espécie de ficção científica seja legítima e dotada de grandes virtudes, não é uma espécie que pode manter uma produção abundante. É apenas a primeira visita à Lua ou a Marte que é, para esse fim, um bem. Depois de terem sido descobertas em uma ou duas histórias (e mostrarem-se diferentes em cada uma), torna-se difícil evitar nossa descrença com respeito às histórias subsequentes. Por melhores que fossem, elas matariam umas às outras ao se tornarem numerosas.

Minha próxima subespécie é a que eu chamaria de Escatológica. É sobre o futuro, mas não da mesma maneira como o fazem *Admirável mundo novo* ou *The Sleeper Awakes*

[O despertar do que dormia], os quais são políticos ou sociais. Essa espécie provê um veículo imaginativo para especulações sobre o destino de nossa espécie. Alguns exemplos são *A máquina do tempo*, de Wells, *Last and First Men*, de Olaf Stapledon, ou *O fim da infância*, de Arthur C. Clarke. É aqui que uma definição de ficção científica que a separa inteiramente do romance torna-se imperativa. A forma de *Last and First Men* não é nada romanesca. É de fato uma nova forma: a pseudo-história. O ritmo, a preocupação com movimentos amplos e gerais, o tom são todos do historiador, não do romancista. Era a forma certa para o tema. E, como estamos aqui divergindo tão amplamente do romance, eu, com prazer, incluirei nessa subespécie uma obra que nem sequer é narrativa, *The End of the World* [O fim do mundo], de Geoffrey Dennis (1930). E eu certamente incluo de *Possible Worlds* [Mundos possíveis], escrito por J. B. S. Haldane (1927), o brilhante, apesar de, a meu ver, depravado ensaio chamado "The Last Judgement" [O juízo final].

Obras dessa espécie dão vazão a pensamentos e emoções com os quais, penso, é bom às vezes nos entretermos. É sóbrio e catártico lembrar, de vez em quando, nossa pequenez coletiva, nosso aparente isolamento, a aparente indiferença da natureza, os lentos processos biológicos, geológicos e astronômicos que podem, no longo prazo, tornar ridículas muitas de nossas esperanças (possivelmente alguns de nossos medos). Se *memento mori* é um tempero para o indivíduo, não sei por que as espécies devem ser poupadas de saborear isso. Histórias desse tipo podem explicar o rancor político pouco disfarçado que detectei em um artigo sobre ficção científica.

Sobre ficção científica

A insinuação era que os que a liam ou a escreviam eram provavelmente fascistas. O que se esconde por trás dessa sugestão é, eu suponho, algo assim. Se estivéssemos todos a bordo de um navio e houvesse problemas entre os camareiros, só posso pensar no porta-voz principal deles olhando com desagrado para qualquer um que se afastasse dos ferozes debates no salão ou na copa para respirar no convés. Pois, lá em cima, essa pessoa sentiria o sal, veria a vastidão da água, lembraria que o navio tinha um "para onde" e um "de onde". Lembraria coisas como neblina, tempestades e gelo. O que parecia, nos quartos quentes e iluminados abaixo, ser meramente o cenário de uma crise política, se mostraria uma vez mais como uma minúscula casca de ovo movendo-se rapidamente por uma imensa escuridão sobre um elemento em que o homem não pode viver. Isso não mudaria necessariamente as convicções dela sobre os acertos e os erros na disputa a ocorrer lá embaixo, mas provavelmente ela os vislumbraria sob uma nova luz. Dificilmente isso não a faria lembrar de que os camareiros davam como certas expectativas mais graves do que o aumento do salário, e os passageiros esqueciam os perigos mais sérios do que ter de cozinhar e servir as próprias refeições. Histórias da espécie que estou descrevendo são como essa visita ao convés. Elas nos resfriam. Elas são tão refrescantes quanto a passagem em E. M. Forster[10] na qual o homem, olhando para os macacos, percebe que a maioria dos habitantes da Índia não se importa com a forma como a

---

[10] De seu romance *Uma passagem para a Índia*, considerado sua obra-prima. [N. T.]

Sobre histórias

Índia é governada. Daí o mal-estar que essas histórias suscitam naqueles que, por qualquer motivo, desejam nos manter totalmente aprisionados no conflito imediato. Talvez seja por isso que as pessoas estejam tão prontas para proferir acusações de "fuga". Eu nunca havia compreendido isso completamente até que meu amigo, o professor Tolkien, fez-me uma pergunta muito simples: "Que categoria de pessoas você acha que estaria mais preocupada com a ideia de fuga e que seria mais hostil a ela?" E deu a resposta óbvia: os carcereiros. A acusação de fascismo é, com certeza, mera difamação. Fascistas, bem como comunistas, são carcereiros; ambos nos assegurariam que a sala de estudos adequada de prisioneiros é a prisão. Mas talvez haja esta verdade por trás disso: aqueles que pensam muito no passado remoto ou no futuro, ou que olham longamente para o céu noturno, são menos propensos do que outros a serem partidários ardentes ou ortodoxos.

Eu finalmente passo para a subespécie em que estou muito interessado. Ela é melhor abordada ao lembrar-nos de um fato que todo escritor sobre o assunto que eu li ignorou completamente. A melhor das revistas americanas tem o significativo título *Fantasy and Science Fiction* [Fantasia e ficção científica]. Nela (como também em muitas outras publicações do mesmo tipo) você encontrará não apenas histórias sobre viagens espaciais, mas também histórias sobre deuses, fantasmas, zumbis, demônios, fadas, monstros etc. Isso nos dá uma pista. A última subespécie de ficção científica representa simplesmente um impulso imaginativo tão antigo quanto a humanidade operando sob as condições especiais de nosso próprio tempo. Não é difícil ver por que aqueles que desejam visitar regiões estranhas em busca de beleza, admiração

Sobre ficção científica

ou terror não fornecidos pelo mundo real foram cada vez mais conduzidos a outros planetas ou a outras estrelas. É o resultado do aumento do conhecimento geográfico. Quanto menos conhecido for o mundo real, mais plausivelmente suas maravilhas podem ser localizadas por perto. À medida que a área de conhecimento se espalha, mais as distâncias aumentam, como um homem que se muda de casa mais e mais para o interior conforme vê-se cercado pelas novas edificações. Assim, nos *Contos de Grimm*, que são histórias contadas por camponeses em um país de muitas árvores, você só precisa caminhar por uma hora até a próxima floresta para encontrar uma casa de bruxa ou de ogro. O autor de *Beowulf* pode colocar o covil de Grendel em um lugar do qual ele próprio diz que *Nis paet feorheonon Mil-gemearces*.[11] Homero, escrevendo para um povo marítimo, tem de levar Odisseu por vários dias de viagem por mar antes de conhecer Circe, Calipso, ciclopes ou sereias. O irlandês antigo tem uma forma chamada *immram*, uma viagem entre as ilhas. O romance da época do rei Artur, estranhamente à primeira vista, mostra-se de modo geral contente com a antiga ideia de uma floresta vizinha encontrada nos *Contos*. Chrétien[12] e seus sucessores conheciam muito de geografia real. Talvez a explicação seja que esses romances foram escritos principalmente por franceses sobre a Grã-Bretanha, e a Grã-Bretanha do passado. *Huon*

---

[11] O trecho de *Beowulf* em anglo-saxão pode ser traduzido como: Não fica a muitas milhas daqui. [N. E.]

[12] Chrétien de Troyes (c. 1130—c. 1191), poeta e trovador francês do final do século XII, um dos primeiros autores de romances de cavalaria. [N. T.]

Sobre histórias

de Bordeaux[13] coloca Oberão[14] no Oriente. Spenser inventa um país que não é do nosso universo; Sidney vai para um passado imaginário na Grécia. No século XVIII, temos de avançar para o interior do país. Paltock[15] e Swift nos levam para mares remotos; Voltaire, para a América. Rider Haggard[16] teve de ir à África inexplorada ou ao Tibete; Bulwer-Lytton,[17] até as profundezas da Terra.[18] Poderia ser previsto que histórias dessa espécie, mais cedo ou mais tarde, precisariam deixar a Tellus[19] completamente. Sabemos agora que, onde Haggard colocou Ela e Kôr,[20] deveríamos encontrar culturas de amendoim[21] ou mau-maus.[22]

---

[13] Antigo poema francês, datado da primeira metade do século XIII. [N.T.]
[14] Rei das fadas na literatura medieval e da Renascença; rei dos elfos em *Sonhos de uma noite de verão*, de William Shakespeare. [N. T.]
[15] Robert Paltock (1697—1767), romancista e advogado inglês, autor de *The Life and Adventures of Peter Wilkins, a Cornish Man* [A vida e as aventuras de Peter Wilkins, um homem da Cornualha]. [N.T.]
[16] Henry Rider Haggard (1856—1925), escritor britânico, autor de *As minas do rei Salomão*. [N. T.]
[17] Edward George Bulwer-Lytton (1803—1873), escritor, romancista, poeta, dramaturgo e político inglês, autor de *Os últimos dias de Pompeia*. [N.T.]
[18] Em *Vril — o poder da raça futura*, Bulwer-Lytton narra a aventura do protagonista que, em uma mina profunda, conhece uma civilização avançada, os vril-ya, que lá habita. [N. T.]
[19] Um nome alternativo para o planeta Terra frequentemente usado na ficção científica. [N. T.]
[20] *Ela, a feiticeira* (1887), uma das mais conhecidas obras de Haggard, fala de Ela, que vivia no reino de Kôr. [N. T.]
[21] Referência ao projeto britânico de implementar na Tanganica (atual Tanzânia), em 1946, uma cultura do amendoim, que levou à construção de linha férrea e de um porto. O projeto fracassou. [N. T.]
[22] Referência à guerra ocorrida pela independência da então colônia britânica do Quênia, entre 1920 e 1963, liderada por nativos que se opunham aos colonizadores e seus exércitos. [N. T.]

Sobre ficção científica

Nessa espécie de história, o aparato pseudocientífico deve ser tomado simplesmente como um "motor" no sentido em que essa palavra aborreceu os críticos neoclássicos. A aparência mais superficial de plausibilidade — o mais importante sopro para nosso intelecto crítico — o fará. Estou inclinado a pensar que os métodos francamente sobrenaturais são os melhores. Certa vez, levei um herói a Marte numa nave espacial, mas, quando pensei melhor, eu o transportei para Vênus por meio de anjos. Nem precisamos que os mundos estranhos, quando chegarmos lá, sejam estritamente vinculados às probabilidades científicas. É a maravilha, ou a beleza deles, ou o que sugerem, que importa. Quando eu mesmo coloco canais em Marte, acredito que já sabia que os melhores telescópios tinham dissipado essa antiga ilusão óptica. O objetivo era que faziam parte do mito marciano que já existia na mente comum.

A defesa e a análise dessa espécie não são, portanto, diferentes daquelas da literatura fantástica ou mitopeica em geral. Mas aqui as subespécies e as *subsubespécies* afloram em multidão desconcertante. O impossível — ou coisas tão imensamente improváveis que tenham, na esfera da imaginação, o mesmo *status* que o impossível — pode ser usado na literatura para muitos propósitos diferentes. Não posso pretender mais do que sugerir alguns tipos principais: o assunto ainda aguarda seu Aristóteles.

Pode representar o intelecto, quase completamente livre de emoção, em jogo. O espécime mais puro seria *Planolândia — Um romance de muitas dimensões*, de Abbott, embora mesmo aqui alguma emoção decorra do sentido (que ele inculca) de nossas próprias limitações: a consciência de que nossa própria percepção humana do mundo é arbitrária e contingente. Às vezes, esse jogo dá um prazer análogo ao da presunção. Infelizmente, esqueci o nome e o autor de meu melhor exemplo: a história de um homem que é capaz de viajar para o futuro porque ele mesmo, nesse futuro, quando descobre um método de viagem no tempo, volta para si mesmo no presente (então, é claro, o passado) e o busca.[23] Menos cômico, mas um jogo mais vigoroso, é o trabalho muito bom das consequências lógicas da viagem no tempo de *Many Dimensions* [Muitas dimensões], de Charles Williams, em que, no entanto, esse elemento é combinado com muitos outros.

Em segundo lugar, o impossível pode ser simplesmente um postulado para liberar consequências ridículas, como em *The Brass Bottle* [A garrafa de bronze], de F. Anstey. O Garuda de pedra, em seu livro *Vice Versa*, não é um exemplo tão puro; uma moral séria e, de fato, algo não distante do *páthos* entra — talvez contra o desejo do autor.

Às vezes, é um postulado que liberta consequências muito distantes do cômico, e, quando é assim, se a história é boa, ele geralmente aponta para uma moral, de si mesma, sem qualquer manipulação didática pelo autor no nível consciente. *Dr. Jekyll e o Sr. Hyde*, de Stevenson, pode ser um exemplo. Outro é *Cast the First Shadow* [Lance a

---

[23]Lewis está pensando, eu creio, na história "By His Bootstraps" [Vencer por seu próprio esforço], de Robert A. Heinlein, em *Spectrum: A Science Fiction Anthology* [*Spectrum*: Uma antologia de ficção científica] (1961).

primeira sombra], de Marc Brandel, em que um homem, há muito tempo solitário, desprezado e oprimido, porque não tinha sombra, finalmente conhece uma mulher que compartilha seu inocente defeito, mas depois se afasta dela com desgosto e indignação ao descobrir que ela tem, além dessa, a repugnante e não natural capacidade de não ter reflexo. Os leitores que não são escritores geralmente descrevem histórias assim como alegorias, mas duvido que surjam na mente do autor como alegorias.

Em tudo isso, a impossibilidade é, como eu disse, um postulado, algo a ser concedido antes que a história continue. Dentro dessa moldura, habitamos o mundo conhecido e somos tão realistas quanto qualquer outro. Mas no próximo tipo (e o último com o qual devo lidar), o maravilhoso está em uma partícula de todo o trabalho. Nós estamos, completamente, em outro mundo. O que torna esse mundo valioso não é, obviamente, a simples multiplicação do maravilhoso, seja pelo efeito cômico (como no *Barão de Munchausen* e, às vezes, em Ariosto e Boiardo), seja pelo mero assombro (como, penso eu, no pior de *As mil e uma noites* ou em algumas histórias infantis), mas sua qualidade, seu sabor. Se os bons romances são comentários sobre a vida, boas histórias desse tipo (que são muito mais raras) são adições reais à vida; elas dão, como certos sonhos raros, sensações que nunca tivemos antes, e ampliam nossa concepção da gama de experiências possíveis. Daí a dificuldade em discuti-las com aqueles que se recusam a ser tirados do que chamam de "vida real" — o que significa, talvez, a rotina de atravessar uma área muito mais ampla

Sobre histórias

de possíveis experiências a que nossos sentidos e nossos interesses biológicos, sociais, ou os interesses econômicos geralmente nos limita — ou que, se tirados, não podem ver nada além de cansativo aborrecimento ou monstruosidade doentia. Eles estremecem e pedem para ir para casa.

Exemplos desse tipo, na melhor das hipóteses, nunca serão comuns. Eu incluiria partes da *Odisseia*; a *Ode a Afrodite*,[24] grande parte de *Kalevala*[25] e de *A rainha das fadas*; alguns escritos de Malory (mas nenhuma de suas melhores obras) e mais de *Huon*; partes de *Heinrich von Ofterdingen*,[26] *The Ancient Mariner* e *Christabel*,[27], de Novalis; *Vathek*, de Beckford; *The Life and Death of Jason* [A vida e a morte de Jasão]; e o prólogo (e um pouco mais) de *The Earthly Paradise* [O paraíso terrestre], de Morris;[28] *Phantastes: a terra das fadas*, *Lilith* e *A chave dourada*, de MacDonald;[29] *Worm Ouroboros*, de Eddison; *O Senhor dos*

---

[24] Único poema lírico escrito por Safo (c. 612 a.C.—c. 570 a.C.), prolífica poetisa grega, que foi inteiramente preservado. [N. T.]

[25] Poema épico nacional da Finlândia, compilado por Elias Lönnrot (1802—1884). [N. T.]

[26] Lendário poeta lírico semificcional alemão, mencionado em um épico do séc. 13. Sua lenda foi perpetuada por Novalis, pseudônimo do poeta, místico e filósofo Georg Philipp Friedrich Freiherr von Hardenberg (1772—1801). [N. T.]

[27] Longo poema narrativo inconcluso de Samuel Taylor Coleridge, publicado em 1816. [N. T.]

[28] William Morris (1834—1896), *designer* de interiores, socialista ativo e poeta. O poema *Jasão* foi composto em 1867. *O paraíso terrestre*, um poema épico em vários volumes que reconta inúmeros mitos e lendas da Grécia e da Escandinávia, começou a ser publicado em 1868. [N. T.]

[29] George MacDonald (1824—1905), escritor, poeta e ministro cristão escocês. Foi mentor de Lewis Carroll, incentivando-o a publicar *Alice no País das maravilhas*. [N. T.]

Anéis, de Tolkien; e aquela obra perturbadora, intolerável e irresistível de David Lindsay: *Voyage to Arcturus*. Também *Titus Groan*, de Mervyn Peake. Algumas histórias de Ray Bradbury talvez façam parte dessa categoria. *A terra da noite*, de W. H. Hodgson, teria sobressaído do esplendor sombrio inesquecível das imagens que apresenta se não tivesse sido desfigurado por um interesse erótico sentimental e irrelevante e por um arcaísmo tolo de estilo. (Não quero dizer que todo arcaísmo seja tolo, e que nunca tenha visto o ódio moderno contra ele defendido de forma convincente. Se o arcaísmo consegue nos dar a sensação de entrar em um mundo remoto, ele se justifica. Se é correto por padrões filológicos, não importa nada.)

Não tenho certeza se alguém explicou satisfatoriamente o prazer aguçado, duradouro e solene que tais histórias podem dar. Jung, que foi mais longe, parece-me ter produzido com sua explicação mais um mito que nos afeta do mesmo modo que o resto. Certamente, a análise da água não deve estar molhada? Não vou tentar fazer o que Jung não conseguiu fazer. Mas gostaria de chamar a atenção para um fato negligenciado: a surpreendente intensidade do desagrado que alguns leitores sentem pela mitopeia. Deparei com isso pela primeira vez por acidente. Uma dama (e, o que torna a história mais picante, ela era psicóloga junguiana de profissão) estava falando sobre uma tristeza que parecia estar se insinuando por sobre sua vida, drenando dela o poder de sentir prazer, levando à aridez de sua paisagem mental. Lançando minha flecha ao acaso, perguntei: "Você gosta de fantasias e contos de fadas?"

Sobre histórias

Nunca esquecerei como seus músculos se retesaram, suas mãos se apertaram, seus olhos se arregalaram de horror e sua voz mudou enquanto ela sibilava: "Eu *detesto* isso!" Claramente, aqui não temos de lidar com uma opinião crítica, mas com algo como uma fobia. E vi traços disso em outros lugares, embora nunca tão violentos.

Por outro lado, sei, por experiência própria, que os que gostam da mitopeia gostam de fantasia e de contos de fadas com uma intensidade quase igual. Os dois fenômenos, considerados em conjunto, devem pelo menos descartar a teoria de que obras desse teor sejam algo trivial. Aparentemente, pelas reações que produz, a mitopeia é, para o bem ou para o mal, um modo de imaginação que produz algo em nós em um nível profundo. Se alguns parecem ir a isso com uma necessidade quase compulsiva, outros parecem estar aterrorizados com o que podem encontrar lá. Mas isso é, claro, apenas uma suspeita. O que tenho por muito mais certo é a *advertência* crítica que propus há algum tempo. Não critique aquilo de que você não gosta sem muita cautela. E, acima de tudo, nunca critique o que você simplesmente não suporta. Vou colocar todas as cartas na mesa. Há muito tempo descobri minha própria *fobia* particular: o que não consigo suportar na literatura, o que me deixa profundamente incomodado, é a representação de qualquer coisa como um caso quase amoroso entre duas crianças. Isso me envergonha e enauseia. Mas, é claro, considero que isso não é uma licença para escrever críticas contundentes a livros em que o odioso tema ocorra, mas como aviso para não julgá-los. Pois minha reação não

Sobre ficção científica

é razoável: esses amores entre crianças certamente ocorrem na vida real e não posso dar nenhuma razão para que não sejam representados na arte. Se eles tocam a cicatriz de algum *trauma* anterior em mim, esse é meu infortúnio. E eu arriscaria avisar a todos os que estão tentando se tornar críticos a adotar o mesmo princípio. Uma reação violenta e realmente ressentida a todos os livros de certo tipo, ou a situações de certo tipo, é um sinal de perigo. Pois estou convencido de que uma boa crítica adversa é a coisa mais difícil que temos de fazer. Eu aconselharia a todos que começassem o trabalho sob condições mais favoráveis, isto é, falar de algo que conhece profundamente, falar por gostar de tudo o que o autor está tentando fazer e por ter desfrutado de muitos livros em que ele o fez bem feito. Então, você terá alguma chance de realmente mostrar o ponto em que ele falhou e talvez até mesmo mostrar o motivo. Mas, se nossa reação real a um livro é: "*Bleargh*! Eu simplesmente não suporto este tipo de coisa"; acho que não somos capazes de diagnosticar quaisquer falhas reais que ele tenha. Podemos nos empenhar a fim de esconder nossa emoção, mas acabaremos usando uma confusão de palavras emotivas, precipitadas, da moda: "arcaico", "zombador", "uma tapeação", "adolescente", "imaturo" e tudo o mais. Quando realmente sabemos o que está errado, não precisamos de nada disso.

CAPÍTULO 9

Uma *resposta* ao *professor* Haldane

Antes de tentar responder ao artigo "Auld Hornie, F. R. S." do professor Haldane, no *The Modern Quarterly*, é melhor indicar o ponto em que ambos concordamos. Penso, a partir da queixa do professor de que meus personagens são "como vermes em uma gaiola experimental que recebem um repolho se virarem à direita e um choque elétrico se virarem à esquerda", que ele suspeita encontrar em meus textos as ratificações de conduta em recompensa e punição. Sua suspeita é errônea. Partilho de sua aversão por qualquer ponto de vista semelhante a esse e de sua preferência pela ética estoica ou confucionista. Embora eu creia em um Deus onipotente, não considero que sua onipotência possa, por si só, criar a menor obrigação de obedecer a ele. Em meus romances, os personagens "bons" são de fato recompensados. Isso porque considero um final feliz apropriado ao tipo leve e alegre de ficção que eu estava tentando escrever. O professor confundiu a "justiça poética" do romance com um teorema ético. Irei mais longe. A aversão a qualquer ética que adora o sucesso é uma de minhas principais

Uma resposta ao professor Haldane

razões para discordar da maioria dos comunistas. Em minha experiência, eles tendem a me dizer, quando tudo o mais falha, que devo avançar com a revolução, pois "ela acabará por vir". Um deles me dissuadiu de minha própria posição sobre a base chocantemente irrelevante de que, se eu continuasse a julgá-lo, eu deveria, com o tempo, ser "ceifado", argumentou, como um câncer poderia argumentar, caso falasse, que ele deve estar certo porque pode me matar.

Com alegria reconheço a diferença entre o professor Haldane e outros comunistas como aquele. Peço-lhe, em troca, que reconheça a diferença entre minha ética cristã e, digamos, a de Paley.[1] Há, tanto do lado dele quanto do meu, um parasita do tipo de Vichy[2] que define o lado correto como aquele que vai ganhar. Vamos tirá-los do recinto antes de começarmos a conversar.

Minha principal crítica ao artigo do professor é que, desejando criticar minha filosofia (se eu posso lhe dar um nome tão pomposo), ele quase ignora os livros em que tentei estabelecê-la e direcioná-la ao escrever meus romances. Ele foi informado no prefácio de *Uma força medonha* que as doutrinas por trás desse romance poderiam ser encontradas, despojadas de sua máscara de ficção, em *A abolição*

---

[1] William Paley (1743—1805), teólogo e filósofo britânico, escreveu *Natural Theology* [Teologia natural], em que diz que a complexidade e as adaptações dos seres vivos são prova da intervenção divina na criação. Isso veio a ser conhecido por "analogia do relojoeiro". [N. T.]

[2] Referência à França de Vichy, Estado francês (1940—1944) que era um governo-fantoche dos nazistas, opondo-se às Forças Livres Francesas. Foi estabelecido depois da rendição da França à Alemanha em 1940. [N. T.]

do homem. Por que ele não foi procurá-las lá? O resultado de seu método é infeliz. Como crítico filosófico, o professor teria sido formidável e, portanto, útil. Como um crítico literário, embora mesmo lá ele não possa ser grosseiro, continua perdendo o essencial da questão. Boa parte de minha resposta deve, portanto, preocupar-se com a remoção de meros mal-entendidos.

Seu ataque resume-se a três acusações principais: (1) minha ciência está geralmente errada; (2) eu difamo cientistas; (3) e minha opinião é de que o planejamento científico "só pode levar ao inferno" (e, portanto, eu sou "um amparo muito útil para a ordem social existente", querido por aqueles que "podem perder com mudanças sociais" e relutantes, por maus motivos, a falar sobre usura).

(1) Minha ciência geralmente está errada. Claro que sim. O mesmo acontece com o professor Haldane. Ele nos diz em *Possible Worlds* (1927) que "quinhentos anos atrás [...] não era evidente que as distâncias celestiais eram muito maiores do que as terrestres". Mas o manual astronômico que a Idade Média usou, *Almagest*, de Ptolomeu, afirmava claramente (I. v.) que, em relação à distância das estrelas fixas, toda a Terra devia ser tratada como um ponto matemático, e explicava sobre quais observações essa conclusão se baseou. A doutrina era bem conhecida pelo rei Alfredo[3] e até pelo autor de um livro "popular"

---

[3] Alfredo, o Grande (849—899), rei de Wessex, à época de sua morte dominava a Inglaterra. Era conhecido por ser um homem culto e misericordioso, que incentivou a educação. [N. T.]

como *South English Legendary*.⁴ Em outro lugar em "Auld Hornie", Haldane parece pensar que Dante foi excepcional em suas opiniões sobre a gravitação e a rotundidade da Terra. Mas a autoridade mais popular e ortodoxa a quem Dante poderia ter consultado, e que morreu um ano antes de seu nascimento, era Vincent de Beauvais. E em sua obra *Speculum Naturale* (VII. vii.) aprendemos que, se houvesse um buraco através do globo terrestre (*terre globus*) e você deixasse cair uma pedra nesse buraco, ela iria parar no centro. Em outras palavras, o professor Haldane é tão bom historiador como eu sou cientista. A diferença é que sua falsa história é produzida em obras que se pretendem verdadeiras, enquanto minha falsa ciência é produzida em romances.

Eu queria escrever sobre mundos imaginários. Agora que nosso próprio planeta foi todo explorado, outros planetas são o único lugar em que se pode colocá-los. Eu precisava, para alcançar meu objetivo, apenas de suficiente astronomia popular para criar no "leitor comum" uma "suspensão voluntária da descrença". Ninguém espera, em tais fantasias, satisfazer um verdadeiro cientista, assim como o escritor de um romance histórico não espera satisfazer um verdadeiro arqueólogo. (Quando esse esforço é feito seriamente, como em *Romola*,⁵ ele geralmente estraga o livro.)

---
⁴Tratado da vida dos santos datado do século XIII ou XIV, contendo 92 narrativas, incluindo a de não santos, como Judas e Pilatos. [N. T.]
⁵Romance histórico de George Eliot (pseudônimo de Mary Ann Evans [1819—1880]), é um estudo profundo da vida na cidade de Florença do século XV época do Renascimento italiano. [N. T.]

Há, portanto, bastante inexatidão científica em minhas histórias — eu sabia que alguns fatos eram falsos mesmo quando escrevi os livros. Os canais em Marte estão lá não porque acredito neles, mas por fazerem parte da tradição popular; o caráter astrológico dos planetas, pelo mesmo motivo. O poeta, segundo Sidney, é o único escritor que nunca mente, porque ele nunca reivindica que suas declarações são verdade. Ou, se "poeta" for um termo muito elevado para usarmos neste contexto, podemos dizer de outra forma. O professor me pegou esculpindo um elefante de brinquedo e o critica como se meu objetivo fosse ensinar zoologia. Mas o que eu estava procurando não era o elefante conhecido pela ciência, mas nosso antigo amigo Jumbo.[6]

(2) Penso que o próprio professor Haldane tenha, provavelmente, considerado sua crítica à minha ciência como mera provocação; com sua segunda acusação (que eu deturpo os cientistas), chegamos a algo mais grave. E aqui, com muita infelicidade, ele se concentra no livro errado, *Uma força medonha*, perdendo o ponto forte de seu argumento. Se algum de meus romances pudesse ser acusado plausivelmente de ser um libelo contra cientistas, esse seria *Além do planeta silencioso*. Certamente é um ataque, se não sobre cientistas, sobre algo que pode ser chamado de

---

[6]Conhecido como o maior elefante do mundo (1861—1885), foi atração em Londres desde 1865, indo, em 1882, para os Estados Unidos. Inspirou o personagem principal de *Dumbo*, da Disney, e o apelido do Boeing 747. [N. T.]

cientificismo: uma visão positiva do mundo que casualmente está ligada à popularização das ciências, embora seja muito menos comum entre cientistas reais do que entre seus leitores. É, em certa medida, a crença de que o fim moral supremo é a perpetuação de nossa própria espécie, e que isso deve ser buscado mesmo que, no processo de proteção, nossa espécie deva ser despojada de todas aquelas coisas pelas quais a valorizamos: compaixão, felicidade e liberdade. Eu não tenho certeza de que você encontrará essa crença formalmente afirmada por qualquer escritor — tais coisas se assemelham às premissas principais assumidas, e não declaradas. Mas penso que pude perceber esse enfoque em *Volta a Matusalém: um pentateuco metabiológico*, de Shaw, em Stapledon, e em "The Last Judgement", do professor Haldane (em *Possible Worlds*). Eu notei, é claro, que o professor dissociou seu próprio ideal daquele de seus venusianos. Ele diz que seu próprio ideal está em "algum lugar entre" eles e uma raça "absorvida pela busca da felicidade individual". A "busca da felicidade individual", eu acredito, parece significar "a busca que cada indivíduo faz de seus próprios prazeres à custa do próximo". Mas também pode ser adotado para sustentar (para mim, sem sentido) o ponto de vista de que existe algum outro tipo de felicidade, que algo além do indivíduo é capaz de felicidade ou de miséria. Eu também suspeitava (eu estava errado?) que o "algum lugar entre" do professor aproximou-se muito do fim venusiano da escala.

Foi contra tal perspectiva da vida, tal ética, se você quiser, que eu escrevi minha fantasia satírica, projetando em

Weston uma imagem de bufão-vilão da heresia "metabiológica". Se alguém disser que fazer dele um cientista foi injusto, já que o ponto de vista que estou atacando não está restrito principalmente aos cientistas, posso concordar, embora eu pense que essa crítica seria sensível em extremo. O estranho é que o professor Haldane pensa que Weston é "reconhecível como cientista". Estou aliviado, pois eu tinha dúvidas sobre ele. Se eu fosse instruído a atacar meus próprios livros, eu deveria ter apontado que, embora Weston, por causa do enredo, tenha de ser físico, seus interesses parecem ser exclusivamente biológicos. Eu também deveria ter perguntado se era crível que esse tagarela poderia ter inventado uma ratoeira ou, muito menos, uma nave espacial. Mas o que eu queria era tanto a farsa quanto a fantasia.

Perelandra, na medida em que não apenas continua seu antecessor, é dirigido principalmente para meus correligionários. Seu tema real não interessaria o professor Haldane, penso eu, de jeito nenhum. Só digo que, se ele notasse o muito elaborado ritual pelo qual os anjos entregam o governo desse planeta aos humanos, poderia ter percebido que a "angelocracia" imaginada em Marte é, para mim, uma coisa do passado: a Encarnação fez a diferença. Não quero dizer que ele pudesse esperar interessar-se por um ponto de vista assim, mas isso nos poderia ter poupado, pelo menos, desse disfarce político.

Ele quase não compreendeu completamente *Uma força medonha*. O cientista "bom" é colocado precisamente para mostrar que "cientistas", como tais, não são o alvo. Para deixar mais claro, ele sai do INEC[7] porque descobre que estava errado em sua crença original de que aquilo "tinha algo a ver com ciência" (p. 113).[8] Para tornar isso ainda mais claro, meu personagem principal, o homem quase irresistivelmente atraído pelo INEC, é descrito como aquele cuja "formação não tinha sido nem científica nem clássica — meramente 'moderna'. As severidades tanto da abstração como da alta tradição humana passaram por ele sem deixar marca [...]. Era um dois de paus, com fácil desempenho em provas que não exigiam nenhum conhecimento específico" (p. 189). Para tornar isso dupla e triplamente claro, o progresso da inclinação da mente de Wither está representado (p. 352) como filosófico, e não científico. Com receio de que isso não seja suficiente, o herói (que é, a propósito, até certo ponto um retrato extravagante de um homem que conheço, mas não de mim) é feito para dizer que as ciências físicas são "boas e inocentes em si" (p. 208), embora o "cientificismo" maligno esteja se insinuando para dentro delas. E, por fim, aquilo, obviamente, contra o que a história se coloca não são os cientistas, mas os *funcionários*. Se alguém deve se sentir difamado por esse livro, não é o cientista, mas o funcionário público, e, ao lado do funcionário público, certos filósofos. Frost é o porta-voz das teorias éticas do professor Waddington — claro que não quero dar a entender que o professor Waddington na vida real seja um homem como Frost.

---

[7]Instituto Nacional de Experimentos Coordenados. [N.T.]
[8]Segundo a versão lançada pela editora Martins Fontes (São Paulo, 2013). [N.T.]

O que, então, eu estava atacando? Em primeiro lugar, certa visão sobre os valores: o ataque será encontrado, não disfarçado, em *A abolição do homem*. Em segundo lugar, eu estava dizendo, como Tiago e o professor Haldane, que ser amigo do "Mundo" é ser inimigo de Deus. A diferença entre nós é que o professor vê o "Mundo" apenas em termos das ameaças e seduções que dependem do dinheiro. Eu não o faço. A sociedade mais "mundana" em que já vivi foi a dos estudantes: mais mundanos na crueldade e na arrogância dos fortes, na bajulação e na traição mútua dos fracos e do injustificado esnobismo de ambos. Nada era tão comum que a maioria dos membros do proletariado escolar não o pudesse fazer, ou sofrer, a fim de ganhar o favor da aristocracia escolar; quase nenhuma injustiça era ruim demais para a aristocracia praticar. Mas o sistema de classe não dependia em nada da quantidade de dinheiro no bolso.

Quem precisa se preocupar com dinheiro se a maioria das coisas que ele quer será oferecida por meio de bajulação servil e o restante poderá ser tomado por força? Essa lição permaneceu comigo toda a minha vida. Essa é uma das razões pelas quais não posso compartilhar a exaltação do professor Haldane com o banimento de Mamom de "um sexto da superfície de nosso planeta". Já vivi em um mundo do qual Mamom foi banido: foi o mais perverso e miserável que conheci. Se Mamom fosse o único demônio, seria outra a questão. Mas, quando Mamom deixa o trono, o que ocorre se Moloque ocupar seu lugar? Como Aristóteles disse: "Os homens não se tornam tiranos para se manterem aquecidos". Todos os homens, é claro, desejam prazer e segurança. Mas todos os homens também desejam poder, e todos os homens desejam a simples sensação de estar "por dentro", no "círculo interno", de não serem "estranhos": uma paixão insuficientemente estudada e o principal tema de minha história. Quando o estado da sociedade é tal que o dinheiro é o passaporte para todos esses prêmios, então, claro, o dinheiro será a principal tentação. Mas, quando o passaporte mudar, os desejos permanecerão. E há muitos outros passaportes possíveis: posição em uma hierarquia oficial, por exemplo. Mesmo agora, o homem ambicioso e mundano não iria inevitavelmente escolher o cargo com o salário mais alto. O prazer de estar na posição mais alta pode valer o sacrifício de alguma renda.

(3) Em terceiro lugar, eu estava atacando o planejamento científico? De acordo com o professor Haldane, o "pensamento do Sr. Lewis é suficientemente claro. A aplicação da ciência aos assuntos humanos só pode levar ao inferno". Certamente, não há garantia para o "só pode"; mas ele está justificado em assumir que, a menos que eu tivesse pensado ter visto um perigo grave e generalizado, eu não teria dado ao planejamento um lugar tão central, mesmo no que eu chamei de "conto de fadas" e uma "história incrível". Mas, se você deve reduzir o romance a uma proposição, esta seria quase o inverso do que o professor supõe: não o "planejamento científico certamente levará ao inferno", mas "sob as condições modernas, qualquer convite efetivo ao inferno certamente aparecerá à guisa de planejamento científico" — como o regime de Hitler de fato o fez. Todo tirano deve começar reivindicando ter o que suas

vítimas respeitam e dar o que elas querem. A maioria das pessoas nos países mais modernos respeita a ciência e quer o planejamento. E, por sua vez, quase que por definição, se é o desejo de algum homem ou grupo nos escravizar, naturalmente, tal ação será descrita como "democracia cientificamente planejada". Pode ser verdade que qualquer salvação real deva igualmente, embora apenas como hipótese, descrever-se como "democracia cientificamente planejada". Mais uma razão para examinar com cuidado qualquer coisa que traga esse rótulo.

Meus receios com respeito a tal tirania parecerão insinceros ou pusilânimes ao professor. Para ele, o perigo está totalmente na direção oposta, no caótico egoísmo do individualismo. Devo tentar explicar por que temo mais a crueldade disciplinada de alguma oligarquia ideológica. Haldane tem sua própria explicação sobre isso: ele acha que sou inconscientemente motivado pelo fato de que "posso perder com a mudança social". E, de fato, seria difícil para mim receber bem uma mudança que poderia me levar a um campo de concentração. Posso acrescentar que seria igualmente fácil para o professor receber bem uma mudança que pudesse colocá-lo no mais alto nível de uma oligarquia onicompetente. É por isso que o jogo dos motivos é tão desinteressante. Cada lado pode continuar jogando *ad nauseam*, mas, quando toda a lama tiver sido lançada, todos os pontos de vista ainda permanecem para ser considerados em seus méritos. Eu recuso o jogo dos motivos e retomo a discussão. Não espero fazer com que o professor Haldane concorde comigo. Mas eu deveria gostar dele, pelo menos para entender por que acho que a adoração ao diabo seja uma possibilidade real.

Eu sou democrata. O professor Haldane pensa que não sou, mas ele baseia sua opinião em uma passagem de *Além do planeta silencioso*, em que não estou discutindo as relações de uma espécie consigo mesma (política), mas as relações de uma espécie com outra. Sua interpretação, se consistentemente elaborada, atribuiria a mim a doutrina de que cavalos são aptos para uma monarquia equina, embora não para uma democracia equina. Aqui, como tantas vezes, o que eu realmente disse foi algo que o professor, se ele tivesse entendido, teria considerado simplesmente desinteressante.

Eu sou democrata porque acredito que nenhum homem ou grupo de homens é bom o suficiente para lhe ser confiado poder absoluto sobre os outros. E, quanto mais altas as pretensões de tal poder, mais perigoso eu o considero, tanto para os governantes quanto para os súditos. Daí ser a teocracia o pior de todos os governos. Se nos for necessário um tirano, um barão ladrão é muito melhor do que um inquisidor. A crueldade do barão pode, às vezes, amainar, e em algum momento sua cobiça será saciada; além disso, como ele sabe vagamente que está agindo de modo errado, pode se arrepender. Mas o inquisidor, que confunde a própria crueldade e o desejo de poder e de medo com a voz do Céu, nos atormentará infinitamente, porque o faz com a aprovação de sua própria consciência, e seus melhores impulsos lhe parecem como tentações. E, uma vez que a teocracia é o pior, quanto mais qualquer governo se aproxima da teocracia, pior ele será. Uma metafísica, quando sustentada pelos governantes com a força de uma religião, é um sinal ruim. Ela os proíbe, como o inquisidor, de admitir algum grão de verdade ou de bem nos oponentes, anula as regras comuns da moralidade e dá uma sanção aparentemente exagerada e pessoal em extremo a todas as paixões humanas muito comuns pelas quais, como os demais homens, os governantes serão frequentemente impulsionados. Em uma palavra, ela proíbe a dúvida saudável. Um programa político nunca pode, na verdade, ser mais do que apenas provavelmente certo. Nunca conhecemos todos os fatos sobre o presente e podemos tão somente tentar adivinhar o futuro. Anexar a um programa partidário — cuja mais alta reivindicação real é a prudência razoável — o tipo de consentimento que devemos reservar para teoremas demonstráveis é uma espécie de intoxicação.

Essa falsa certeza aparece no artigo do professor Haldane. Ele simplesmente não consegue acreditar que um homem pode realmente ter dúvidas quanto à usura. Não tenho nenhuma objeção a que ele pense que estou errado. O que me choca é sua suposição instantânea de que o assunto é tão simples que não pode haver dúvida verdadeira sobre isso. Está quebrando o cânone de Aristóteles: exigir em cada averiguação o grau de certeza que o assunto permite. E, *sobre a sua vida,* não fingir que você vê mais do que de fato vê.

Sendo um democrata, oponho-me a todas as mudanças drásticas e súbitas da sociedade (em qualquer direção), porque elas nunca acontecem de fato, exceto por uma técnica particular. Essa técnica envolve a apreensão do poder por um grupo pequeno e altamente disciplinado de pessoas; o terror e a polícia secreta vêm automaticamente, me parece, a seguir. Eu não acho nenhum grupo bom o suficiente para ter esse poder. Eles são formados por homens de paixões semelhantes a nós mesmos. O segredo e a disciplina de sua organização já inflamaram neles a paixão pelo círculo interno que considero pelo menos tão corruptora quanto a avareza; e suas elevadas pretensões ideológicas terão emprestado a todas as suas paixões o perigoso prestígio da causa. Por isso, em qualquer direção em que a mudança é feita, ela é, para mim, condenada por seu *modus operandi*. O pior de todos os perigos públicos é o comitê de segurança pública. O personagem de *Uma força medonha* que o professor nunca menciona é a senhorita Hardcastle, a chefe da polícia secreta. Ela é o fator comum em todas as revoluções; e, como ela diz, não é possível encontrar ninguém para fazer o trabalho dela bem se não sentirem algum prazer nele.

Devo, é claro, admitir que o estado atual das coisas às vezes pode ser tão ruim que um homem é tentado a arriscar a mudança, mesmo por métodos revolucionários, para dizer que situações desesperadas requerem soluções desesperadas e que a necessidade não conhece leis. Mas ceder a essa tentação é, eu penso, fatal. É sob esse pretexto que toda abominação entra. Hitler, o príncipe maquiavélico, a Inquisição, o curandeiro, todos diziam-se necessários.

Desse ponto de vista, é impossível que o professor venha a compreender o que quero dizer com a adoração ao diabo como símbolo? Para mim, não é meramente um símbolo.

Sobre histórias

Sua relação com a realidade é mais complicada, e isso não interessa ao professor Haldane. Mas é, pelo menos parcialmente, simbólico, e vou tentar dar ao professor uma descrição do significado que possa ser entendido sem apresentar o sobrenatural. Tenho de começar por corrigir um mal-entendido bastante curioso. Quando acusamos pessoas de adoração ao diabo, geralmente não queremos dizer que elas conscientemente adoram o diabo. Fazer isso, eu concordo, é uma perversão rara. Quando um racionalista acusa certos cristãos, digamos, os calvinistas do século XVI, de adoração ao diabo, não queria dizer que eles adoravam um ser que consideravam o diabo, mas, sim, que eles adoravam a Deus como um ser cujo caráter o racionalista tomava por diabólico. É claramente neste sentido, e somente neste sentido, que meu Frost adora demônios. Ele adora os "macróbios" porque são seres mais fortes e, portanto, para ele, "superiores" aos homens: ele os adora, de fato, pelas mesmas razões pelas quais meu amigo comunista me faria favorecer a revolução. Nenhum homem no presente está (provavelmente) fazendo o que represento com a ação de Frost, mas ele é o ponto ideal em que certas linhas de tendência já observáveis se encontrarão, caso produzidas.

A primeira dessas tendências é a crescente exaltação do coletivo e a crescente indiferença com respeito às pessoas. As fontes filosóficas estão provavelmente em Rousseau e Hegel, mas o caráter geral da vida moderna, com suas grandes organizações impessoais, pode ser mais poderoso do que qualquer filosofia. O próprio professor Haldane ilustra bem esse atual estado de espírito. Segundo ele, se alguém inventasse um idioma para "seres sem pecado que amavam o próximo como a eles mesmos", seria apropriado não ter termos para "meu", "eu" e "outros pronomes e inflexões pessoais". Em outras palavras, ele não vê diferença entre duas soluções opostas para o problema do egoísmo: entre o amor (que é uma relação entre as pessoas) e a abolição das pessoas. Nada além de *Você* pode ser amado e um *Você* pode existir apenas para um *Eu*.

Uma sociedade em que ninguém estivesse consciente de si mesmo como pessoa contra outras pessoas, em que ninguém poderia dizer "eu amo você", seria, de fato, livre do egoísmo, mas não pelo amor. Seria "altruísta" como um balde de água é altruísta. Outro bom exemplo está em *Volta a Matusalém*. Ali, assim que Eva aprende que a geração era possível, ela diz a Adão: "Você pode morrer assim que eu tiver feito um novo Adão. Não antes. Mas, depois, assim que você quiser." O indivíduo não importa. E, portanto, quando realmente avançarmos (fragmentos de uma ética anterior ainda se apegam à maioria das mentes), não importará o que você faz a um indivíduo.

Em segundo lugar, temos o surgimento do "Partido" no sentido moderno: os fascistas, os nazistas ou os comunistas. A distinção aqui, em relação aos partidos políticos do século XIX é a crença de seus membros de que eles não estão apenas tentando cumprir um programa, mas também estão obedecendo a uma força impessoal: a Natureza, ou a Evolução, ou a Dialética, ou a Raça é que os está levando em frente. Isso costuma ser acompanhado por duas crenças que não podem, tanto quanto eu vejo, ser reconciliadas no nível lógico, mas que se misturam muito facilmente no nível emocional: a crença de que o processo que o Partido personifica é inevitável e a crença de que o avanço desse processo é o dever supremo e revoga todas as leis morais comuns. Nesse estado de espírito, os homens podem se tornar adoradores do diabo no sentido de que agora podem *honrar*, bem como seguir, os próprios vícios. Todos os homens às vezes obedecem a seus vícios, mas é quando a crueldade, a inveja e a luxúria do poder aparecem como os mandamentos de uma grande força sobrepessoal que eles podem ser exercidos com autoaprovação. O primeiro sintoma aparece na linguagem. Quando "matar" se torna "liquidar", o processo começou. A palavra pseudocientífica desinfecta a coisa de sangue e lágrimas, ou de piedade e vergonha, e a própria misericórdia pode ser considerada como uma espécie de desordem.

[Lewis acrescenta, dizendo: "É, no presente, no sentido de servir uma força metafísica, que os "Partidos" modernos se aproximam mais das religiões. O odinismo na Alemanha ou o culto ao cadáver de Lênin na Rússia provavelmente são menos importantes, mas há bastante [...]" — e aqui o manuscrito termina. Falta uma página (acho que não mais). Provavelmente, foi perdida logo após a redação do ensaio, e sem o conhecimento de Lewis, pois ele, como de costume, dobrou o manuscrito e escreveu a lápis o título "Anti-Haldane" de um lado.]

CAPÍTULO 10

O Hobbit

As editoras afirmam que *O Hobbit*, embora muito diferente de *Alice*, assemelha-se a este por ser o trabalho de um professor em sua recreação. Uma verdade mais importante é que ambos pertencem a uma classe muito pequena de livros que não têm nada em comum, exceto que cada um nos leva a um mundo próprio, um mundo que já estava por aí antes de tropeçarmos nele, o qual, porém, uma vez encontrado pelo leitor certo, torna-se indispensável para ele. Seu lugar é ao lado de *Alice*, *Planolândia*, *Phantastes*, *O vento nos salgueiros*.

Definir o mundo de *O Hobbit* é, obviamente, impossível, pois é novo. Não se pode antecipá-lo antes de ir até lá, assim como não pode esquecê-lo depois de ter estado lá. Os admiráveis mapas e ilustrações, feitos pelo autor, da Floresta-das-Trevas, do Portão-gobelim e de Esgaroth dão uma ideia — e também os nomes do anão e do dragão que capturam nossos olhos logo que viramos as primeiras páginas. Mas há anões e anões, e nenhuma receita comum de histórias para crianças lhe dará criaturas tão enraizadas em seu próprio solo e em sua história como as do professor Tolkien — que, obviamente, sabe muito mais sobre elas do que ele precisa para esse conto. A receita comum é ainda menos capaz de nos preparar para a mudança curiosa que acontece de um começo mais prosaico na história ("Os hobbits são um povo pequeno, menores que anãos — e não têm barba —, mas muitíssimo maiores que Liliputianos"[1])[2] para o tom de saga dos capítulos posteriores ("Tenho em mente perguntar que porção da herança deles vocês teriam restituído caso tivessem achado o tesouro desprotegido").[3] Você mesmo deve ler a fim de descobrir como a mudança é inevitável e como ela acompanha a jornada do herói. Embora tudo seja maravilhoso, nada é arbitrário: todos os habitantes das Terras-selváticas parecem ter o mesmo direito inquestionável de existir, assim como os de nosso próprio mundo, embora as crianças afortunadas que os encontre não se dão conta — e os pais dela, mais velhos e destreinados, também não — das fontes profundas em nosso sangue e em nossa tradição a partir dos quais eles brotam.

Deve ser entendido que esse é um livro infantil apenas no sentido de que a primeira de muitas leituras pode ser realizada no berçário. *Alice* é lido com seriedade por

---

[1] Lewis cita a primeira edição do livro, publicada em 1937; em edição revisada, dentre outras mudanças, Tolkien resolveu tirar o termo "Liliputianos", que fazia referência aos habitantes da ilha de Lilipute em *As viagens de Gulliver*. [N. E.]
[2] *O Hobbit*, cap. I
[3] *O Hobbit*, cap. XV

crianças e com riso por adultos; *O Hobbit*, por outro lado, será mais divertido para seus leitores mais jovens e, apenas anos depois, em uma décima ou em uma vigésima leitura, eles começarão a perceber a erudição hábil e a profunda reflexão que serviram para fazer tudo nele tão maduro, tão amigável e, a seu modo, tão verdadeiro. Fazer previsões é arriscado, mas *O Hobbit* pode muito bem vir a ser um clássico.

CAPÍTULO 11

O Senhor dos Anéis, de Tolkien

Tal livro[1] é como um raio num céu claro; tão marcadamente diferente, tão imprevisível em nossa época quanto as *Canções da inocência*[2] o foram em sua. É inadequado dizer que nele o romance heroico, grandioso, eloquente e franco repentinamente retornou em um período de antirromantismo quase patológico. Para nós, que vivemos nesse período estranho, o retorno — e o alívio absoluto que ele traz — é sem dúvida o importante. Mas, a história registrada no próprio romance — uma história que remonta à *Odisseia* e vai além — não faz um retorno, mas um avanço ou uma revolução: a conquista de um novo território.

Nada parecido com ele foi feito antes. "Leva-se isso", diz Naomi Mitchison, "tão a sério quanto Malory".[3] Mas

---

[1] *A Sociedade do Anel* (1954), o primeiro volume da trilogia *O Senhor dos Anéis*. Os outros volumes, *As Duas Torres* e *O Retorno do Rei*, foram publicados em 1955. Posteriormente, Tolkien revisou toda a obra para uma segunda edição de capa dura (1966).
[2] *Canções da inocência e da experiência* é o trabalho mais conhecido de William Blake (1757—1827), poeta, tipógrafo e pintor inglês. [N. T.]
[3] "One Ring to Bind Them" [Um anel para uni-los], *New Statesman and Nation* (18 de setembro de 1954).

O Senhor dos Anéis, *de Tolkien*

o inelutável senso de realidade que sentimos em *Le Morte d'Arthur* vem principalmente do grande peso da obra de outros homens, desenvolvidas século após século, que veio sobre ela. A conquista totalmente nova do professor Tolkien é que ele carrega um senso de realidade comparável, mas que não precisa de ajuda. Provavelmente nenhum livro jamais escrito no mundo seja um exemplo tão radical daquilo que seu autor chamou em outro lugar de "subcriação".[4] A dívida direta (há, naturalmente, tipos de dívida mais sutis) que cada autor deve ao universo real é aqui, de modo deliberado, reduzido ao mínimo. Não satisfeito em criar sua própria história, ele cria, com uma prodigalidade quase insolente, o mundo inteiro em que ela transcorre, com sua teologia própria, com seus mitos, geografia, história, paleografia, línguas e ordens de seres — um mundo "repleto de incontáveis criaturas estranhas".[5] Os nomes, por si só, são um banquete, quer sejam do aromático e tranquilo interior (Grã Cava, Quarta Sul), valentes e majestosos (Boromir, Faramir, Elendil), repugnantes, como Sméagol, que também é Gollum, ou de franzir o cenho com a força maligna de Barad-dûr ou Gorgoroth; ainda melhor (Lothlórien, Gilthoniel, Galadriel) quando eles encarnam aquela beleza élfica penetrante e elevada, da qual nenhum outro escritor de prosa capturou tanto.

Tal livro tem, naturalmente, seus leitores predestinados, mesmo agora mais numerosos e mais críticos do

---

[4] "On Fairy-Stories" [Sobre contos de fadas], em *Essays Presented to Charles Williams* (1947).
[5] "Prólogo", *A Sociedade do Anel*.

Sobre histórias

que sempre se percebeu. Para eles, um resenhista precisa dizer pouco, exceto que aí estão beldades que perfuram como espadas ou queimam como ferro frio; aí está um livro que vai partir seu coração. Eles saberão que essa é uma boa notícia, muito além do esperado. Para completar a felicidade deles, só é necessário acrescentar que ele promete ser gloriosamente longo: este volume é apenas o primeiro de três. Mas é um livro muito grande para controlar apenas seus assuntos naturais. Algo deve ser dito "aos de fora", aos não convertidos. Desse modo, no mínimo, possíveis mal-entendidos podem ser tirados do caminho.

Em primeiro lugar, devemos entender claramente que, embora *A Sociedade do Anel*, em certo sentido, continue o conto de fadas do autor, *O Hobbit*, ele não é, de modo algum, um "juvenil" crescido. O contrário é a verdade. *O Hobbit* era apenas um fragmento arrancado do enorme mito do autor e adaptado para crianças, inevitavelmente perdendo algo pela adaptação. *A Sociedade* nos dá finalmente os contornos desse mito "em sua verdadeira dimensão, como eles mesmos". O mal-entendido sobre esse ponto pode ser facilmente encorajado pelo primeiro capítulo, no qual o autor (assumindo um risco) escreve quase da maneira do livro mais antigo e mais distante. Para os que acharão o corpo principal do livro profundamente comovente, esse capítulo pode não ser o favorito.

No entanto, havia boas razões para essa abertura, e ainda mais para o prólogo (totalmente admirável) que a precede. É essencial que sejamos primeiro bem imersos no caráter "acolhedor", na frivolidade, até mesmo (em seu melhor sentido) na vulgaridade das criaturas chamadas hobbits; esses seres não ambiciosos, pacíficos, mas quase anárquicos, com rostos "mais bem-humarados que bonitos" e "bocas prontas ao riso e a comer",[6] que fazem do fumar uma arte e gostam de livros que lhes dizem o que já sabem. Eles não são uma alegoria dos ingleses, mas talvez sejam um mito que apenas um inglês (ou, devemos adicionar, um holandês?) poderia ter criado. O tema central de quase todo o livro é o contraste entre os hobbits (ou "o Condado") e o destino terrível ao qual alguns deles são chamados, a descoberta terrível que a humilde felicidade do Condado, que eles pensavam ser certamente normal, é, na realidade, uma espécie de acidente local e temporário, que sua existência depende de sua proteção por poderes que os hobbits não se atrevem a imaginar, que qualquer hobbit pode se ver forçado a sair do Condado e se envolver nesse grande conflito. Mais estranhamente ainda, o advento desse conflito entre coisas mais fortes pode depender deles, que são quase os mais fracos.

O que mostra que estamos lendo um mito, não uma alegoria, é que não há indicações para uma aplicação especificamente teológica, política ou psicológica. Um mito aponta, para cada leitor, para o reino em que ele mora na maior parte do tempo. É uma chave mestra; use-a na porta que você quiser. E há outros temas em *A Sociedade* igualmente sérios.

É por isso que não há deixas sobre "escapismo" ou "nostalgia" e nenhuma desconfiança de "mundos privados" está

---

[6]Idem.

Sobre histórias

em julgamento. Não é Angria,[7] nem sonhar; é uma invenção sã e vigilante, revelando ponto após ponto a integração da mente do autor. Qual a utilidade de chamar de "privado" um mundo em que todos podemos entrar e testar, e no qual encontramos esse equilíbrio? Quanto ao escapismo, aquilo de que escapamos principalmente são as ilusões de nossa vida comum. Nós certamente não escapamos da angústia. Apesar de uma aconchegante lareira e de muitas horas de bom ânimo para satisfazer o hobbit em cada um de nós, a angústia é, para mim, quase a nota predominante. Porém, não como na literatura mais típica de nossa época, a angústia de almas anormais ou deformadas, mas, antes, aquela angústia dos que estavam felizes antes de certa escuridão surgir e que ficarão felizes se viverem para vê-la desaparecer.

A nostalgia realmente vem; não a nossa nem a do autor, mas a dos personagens. Ela está intimamente ligada a uma das maiores conquistas do professor Tolkien. Alguém poderia supor que a diuturnidade seria a qualidade menos provável de ser encontrada em um mundo inventado. E teria, de fato, o sentimento desconfortável de que os mundos de *Orlando Furioso* ou *The Water of the Wondrous Isles* [A água das ilhas maravilhosas][8] não estavam lá antes de a cortina

---

[7] Referência a *Tales of Glass Town, Angria, and Gondal* [Contos da Cidade de Vidro, de Angria e de Gondal], dos Brontës (Charlotte, Emily, Anne e Branwell). Nessa obra colaborativa, eles criaram e povoaram os mais extraordinários mundos fantásticos, cuja geografia e história desenvolveram em inúmeros poemas, histórias e peças. [N. T.]

[8] Novela de fantasia de William Morris, publicada em 1897, que une um mundo imaginário com elementos sobrenaturais. [N. T.]

subir. Mas no mundo tolkieniano dificilmente você poderá colocar o pé em qualquer lugar de Esgaroth para Forlindon ou entre as Ered Nimrais e Khand sem mexer com o pó da história. Nosso próprio mundo, exceto em certos momentos raros, dificilmente parece tão abatido com o passado. Esse é um elemento da angústia que os personagens carregam. Mas com a angústia vem também uma estranha exaltação. Eles são imediatamente atingidos e apoiados pela memória das civilizações desaparecidas e do esplendor perdido. Eles passaram a segunda e a terceira eras; o vinho da vida foi extraído há muito tempo. Ao lermos, encontramo-nos compartilhando seu fardo; quando terminamos, voltamos para nossa própria vida, não descontraídos, mas fortificados.

Contudo, ainda há mais no livro. De vez em quando, vindas de fontes que só podemos conjecturar, e quase estranhas (alguém pensaria) à imaginação habitual do autor, as figuras nos são tão repletas de vida (não a vida humana), que fazem nossa espécie de angústia e nossa espécie de exaltação parecerem sem importância. Tal é Tom Bombadil, assim como os inesquecíveis Ents. Este é certamente o maior alcance da invenção: quando um autor produz o que parece não ser dele próprio, muito menos de alguma outra pessoa. A mitopeia, afinal, não é a mais, e sim a menos, subjetiva das atividades?

Mesmo agora deixei de lado quase tudo — a folhagem silvestre, as paixões, as virtudes elevadas, os horizontes remotos. Mesmo que eu tivesse espaço, dificilmente poderia transmiti-los. E, depois de todo o apelo mais óbvio do livro, talvez seja também o mais profundo: "Também então havia pesar, e treva crescente, mas também grande proeza e grandes feitos que não foram totalmente em vão".[9] *Não foram totalmente em vão*: é o ponto médio ponderado entre ilusão e desilusão.

Quando revisei o primeiro volume dessa obra, dificilmente ousei esperar que tivesse o sucesso que eu tinha certeza de que merecia. Felizmente, eu estava errado. Há, no entanto, uma parte de crítica falsa que deve ser mais bem respondida: a queixa de que os personagens são todos "pretos" ou "brancos". Como o clímax do Volume I estava principalmente focado na luta entre o bem e o mal na mente de Boromir, não é fácil ver como alguém poderia ter dito isso. Vou arriscar um palpite. "Como um homem há de julgar o que fazer em tempos assim?", pergunta-se no Volume II. "Como sempre julgou", vem a resposta. "O bem e o mal não mudaram [...] nem são uma coisa entre os Elfos e os Anãos, e outra entre os Homens".[10]

Essa é a base de todo o mundo tolkieniano. Penso que alguns leitores, vendo (e não gostando) dessa rígida demarcação entre preto e branco, imaginam que viram uma demarcação rígida entre negros e brancos. Olhando para os quadrados, eles assumem (desafiando os fatos) que todas as peças devem estar fazendo movimentos de bispos, que as limitam a uma única cor. Mas mesmo esses leitores dificilmente descartarão essa ideia ao longo dos dois últimos volumes. Os motivos, mesmo no lado correto, são misturados.

---

[9] *A Sociedade do Anel*, Livro I, cap. 2
[10] *As Duas Torres*, Livro III, cap. 2.

O Senhor dos Anéis, *de Tolkien*

Os que agora são traidores geralmente começaram com intenções comparativamente inocentes. O heroico Rohan e a imperial Gondor estão em parte doentes. Mesmo o miserável Sméagol, até bastante tarde na história, tem bons impulsos, e, por um paradoxo trágico, o que por fim o empurra à beira do abismo é um discurso sem premeditação pelo personagem mais abnegado de todos.

Existem dois livros em cada volume, e agora que todos os seis estão diante de nós, a alta qualidade arquitetônica do romance é revelada. O Livro I constrói o tema principal. No Livro II, esse tema, enriquecido com muito material retrospectivo, continua. Então, vem a mudança. Nos Livros III e V, o destino do grupo, agora dividido, fica enredado com um enorme conjunto de forças que estão se agrupando e se reorganizando em relação a Mordor. O tema principal, isolado disso, ocupa o IV e o início do VI (a última parte do percurso, dando todas as resoluções). Mas nunca nos é permitido esquecer a relação íntima entre ele e o resto. Por um lado, o mundo inteiro está indo à guerra; a história está rodeada de cascos galopantes, trombetas, aço contra aço. Por outro lado, muito distantes, figuras miseráveis se esgueiram (como camundongos em uma pilha de escória) no crepúsculo de Mordor. E durante todo o tempo sabemos que o destino do mundo depende muito mais do pequeno movimento do que do grande. Essa é uma invenção estrutural da mais alta ordem: acrescenta imensamente à emoção, à ironia e à grandeza do conto.

No entanto, esses Livros não são, de forma alguma, inferiores. Se eu tivesse de escolher grandes momentos (como

Sobre histórias

o canto do galo no Cerco de Gondor), não haveria fim; vou mencionar dois aspectos de excelência gerais (e totalmente diferentes). Um, surpreendentemente, é o realismo. Essa guerra tem a mesma qualidade da guerra que minha geração conhecia. Está tudo ali: o movimento interminável e ininteligível, a sinistra calma da frente quando "tudo agora está pronto", os civis em fuga, as amizades vivas e vívidas, o pano de fundo de algo como o desespero e o alegre primeiro plano e tais cascatas de vento enviadas do céu como uma provisão de tabaco de qualidade "resgatado" de uma ruína.

O autor nos disse em outro lugar que seu "gosto real por história de fadas foi despertado pela filologia no limiar da idade adulta, e estimulado pelo resto da vida pela guerra";[11] sem dúvida, é por isso que podemos dizer de suas cenas de guerra (citando Gimli, o anão): "Aqui há boa rocha. Este país tem bons ossos."[12]

O outro aspecto de excelência é que nenhum indivíduo, e nenhuma espécie, parece existir apenas por causa da trama. Todos existem por direito próprio, e valeu a pena terem sido criados pelo mero sabor próprio que têm, mesmo que tenham sido irrelevantes. Barbárvore serviria a qualquer outro autor (se qualquer outro pudesse tê-la concebido) para um livro inteiro. Seus olhos estão "repletos de eras de memória e pensamentos longos, lentos, firmes".[13] Através dessas eras, seu nome cresceu com ele, tanto que agora ele

---

[11] *Sobre histórias de fadas*.
[12] *As Duas Torres*, Livro III, cap. 2.
[13] *As Duas Torres*, Livro III, cap. 4.

não pode dizer isso; agora, demoraria muito para ser pronunciado. Quando ele descobre que a coisa em que estão de pé é uma colina, reclama que isso é apenas uma "palavra apressada"[14] para aquilo que tem tanta história em si.

Até onde Barbárvore pode ser considerado como um "retrato do artista" deve permanecer questionável; mas, quando ele ouve que algumas pessoas querem identificar o Anel com a bomba de hidrogênio, e Mordor, com a Rússia, acho que ele poderia chamar de uma "palavra apressada". Quanto tempo as pessoas pensam que um mundo como esse leva para crescer? Pensam que isso pode ser feito tão rapidamente quanto uma nação moderna mudar seu Inimigo Público Número Um ou como cientistas modernos inventam novas armas? Quando o professor Tolkien começou, provavelmente não havia fissão nuclear, e a encarnação contemporânea de Mordor era um bom negócio mais perto da costa de nosso país. Mas o próprio texto nos ensina que Sauron é eterno; a guerra do Anel é apenas uma das mil guerras contra ele. Todas as vezes devemos ser sábios por temer sua vitória final, após a qual "não haverá mais canções". De vez em quando, teremos boas provas de que "o vento se põe no Leste, e pode estar se aproximando a hora em que mirrarão todas as matas."[15] Cada vez que vencermos, saberemos que nossa vitória é temporária. Se insistirmos em pedir a moral da história, esta é sua moral: uma chamada de volta do otimismo fácil e também do pessimismo lamentoso,

---

[14]Idem.
[15]Ibidem.

Sobre histórias

para aquela dura, ainda que não muito desesperada, compreensão da imutável situação difícil do Homem, pela qual as eras heroicas têm vivido. É aqui que a afinidade nórdica é mais forte: golpes de martelo, mas com compaixão.

"Mas por que" (alguns perguntam), "por que, se você tiver um comentário sério a fazer sobre a vida real dos homens, você deve fazê-lo falando sobre sua própria Terra do Nunca fantasmagórica?" Porque, eu compreendo assim, uma das principais coisas que o autor quer dizer é que a vida real dos homens é daquela qualidade mítica e heroica. Pode-se ver o princípio atuando em sua caracterização. Muito do que em um trabalho realista seria feito pela "delineação do personagem" é aqui feito simplesmente tornando o personagem um elfo, um anão ou um hobbit. Os seres imaginados têm seu interior do lado de fora; eles são almas visíveis. E o Homem como um todo, o Homem oposto ao universo, nós o vemos até que vejamos que ele é como um herói em um conto de fadas? No livro, Éomer contrasta timidamente "a terra verde" com "lendas". Aragorn responde que a terra verde em si é "potente matéria de lendas".[16]

O valor do mito é que ele leva todas as coisas que conhecemos e restaura nelas o rico significado que foi escondido pelo "véu da familiaridade". A criança desfruta de um embutido (de outra forma sem graça para ela) fingindo que é um búfalo que acabou de matar com seu próprio arco e flecha. E a criança é sábia. A carne de verdade chega a ela

---

[16] *As Duas Torres*, Livro III, cap. 2.

mais saborosa por ter sido mergulhada em uma história; você pode dizer que só então essa é a carne real. Se você está cansado da paisagem real, olhe para ela através do espelho. Ao colocar pão, ouro, cavalo, maçã ou as próprias estradas em um mito, não os retiramos da realidade: nós os redescobrimos. Enquanto a história persistir em nossa mente, as coisas reais são mais elas mesmas. Esse livro aplica o tratamento não só ao pão ou à maçã, mas ao bem e ao mal, a nossos perigos infinitos, à nossa angústia e às nossas alegrias. Ao mergulhá-los no mito, nós os vemos com mais clareza. Eu não acho que o autor poderia ter feito isso de outra maneira.

O livro é muito original e muito opulento para qualquer julgamento final com a primeira leitura. Mas sabemos de imediato que ele tem causado coisas em nós. Não somos os mesmos homens. E, não obstante, devemos nos dosar em nossas releituras. Tenho poucas dúvidas de que o livro em breve ocupará seu lugar entre os indispensáveis.

CAPÍTULO 12

Um panegírico para Dorothy L. Sayers

A variedade da obra de Dorothy Sayers torna quase impossível encontrar alguém que possa tratar adequadamente dela em sua completude. Charles Williams talvez o tenha feito; eu certamente não posso fazê-lo. É constrangedor admitir que não sou um grande leitor de histórias de detetive; constrangedor porque, em nosso putrefato estado atual de consciência da classe intelectual, a declaração pode ser considerada como uma vanglória. Não é o que ocorre no presente caso. Eu respeito, embora não aprecie muito, essa forma severa e civilizada, que exige tamanho trabalho fundamental do cérebro daqueles que a escrevem e assumem, como pano de fundo, métodos não corrompidos e não embrutecidos de investigação criminal. Moralistas disseram que Dorothy, posteriormente, tinha vergonha de seus "romances de detetive" e odiava ouvir menção a eles. Alguns anos atrás, minha esposa perguntou-lhe se isso era verdade e ficou aliviada por ouvi-la negar. Ela parou de trabalhar nesse gênero porque sentiu que tinha feito tudo o que podia com ele. E, de fato, penso que um processo completo de desenvolvimento aconteceu. Ouvi dizer que Lord Peter é o único detetive imaginário que já cresceu: passou de filho do Duque, o fabuloso escritor sobre amor, o valentão da escola e conhecedor de vinho, para o personagem cada vez mais humano, não sem peculiaridades e falhas, que ama Harriet Vane, casa-se com ela e é cuidado por ela. Os críticos reclamaram que a Srta. Sayers estava se apaixonando por seu herói. Sobre isso, um melhor crítico comentou comigo: "Seria mais verdadeiro dizer que ela estava deixando de se apaixonar por ele, e deixou de acariciar o sonho de menina — se tivesse feito isso —, e começou a inventar um homem".

Na realidade, não há divisão entre as histórias de detetive e suas outras obras. Nestas, como naquelas, ela é antes de tudo a artesã, a profissional. Ela sempre se viu como alguém que aprendeu um ofício, e o respeitou e exige que os outros o respeitem. Nós, que a amamos, podemos (entre nós) admitir amorosamente que essa atitude às vezes era quase comicamente enfática. Rapidamente aprendemos que "Senhora, nós, autores"[1] era a chave mais aceitável. Conversa fiada sobre "inspiração", lamúrias sobre críticas ou público, toda a parafernália do *dandismo* e do ser intruso, eu acho, simplesmente lhe eram repugnantes. Ela aspirava ser, e era, ao mesmo tempo uma artista popular e uma artesã

---

[1] Esta expressão, atribuída a Benjamin Disraeli, teve um efeito confortador sobre a rainha Vitória, que, em 1868, publicou sua obra *Leaves from a Journal of Our Life in the Highlands* [Folhas de um diário de nossa vida nas Terras Altas].

conscienciosa, como (cada um em seu grau) Chaucer,[2] Cervantes, Shakespeare ou Molière. Tenho a ideia de que, com poucas exceções, são apenas escritores assim que realmente importam com o passar do tempo. "Não mostramos nossa grandeza ficando numa extremidade", diz Pascal, "mas tocando as duas ao mesmo tempo e enchendo todo o intervalo." Muito do pensamento mais valioso dela sobre a escrita foi materializado em *A mente do Criador*, um livro que ainda é muito pouco lido. Ele tem falhas. Mas livros sobre a escrita por aqueles que escreveram livros duradouros são muito raros e muito úteis para serem negligenciados.

Para uma cristã, é claro, esse orgulho de seu ofício, que tão facilmente a torna orgulhosa de si mesma, levanta um problema extremamente prático. É deleitosamente característico da natureza muito robusta e direta de Dorothy que ela de pronto tenha elevado esse problema ao nível totalmente consciente e tenha-o tornado o tema de uma de suas principais obras. O arquiteto em *The Zeal of Thy House* [O zelo de tua casa] é, no início, a encarnação — e, portanto, sem dúvida de onde vem a *Catharsis* — de uma possível Dorothy, a quem a verdadeira Dorothy Sayers estava oferecendo à mortificação. O zelo desinteressado dele pela obra em si tem a total simpatia da autora. Mas ela sabe que, sem a graça, isso é uma virtude perigosa, pouco melhor do que a "consciência artística" que todo boêmio

---

[2] Geoffrey Chaucer (c. 1343—1400), escritor, filósofo e diplomata inglês. Dentre as muitas obras que escreveu, a mais conhecida é a inacabada *Contos da Cantuária*. [N. T.]

negligente invoca como justificativa para negligenciar os pais, abandonar a esposa e enganar os credores. Desde o começo, o orgulho pessoal está entrando no caráter do arquiteto: a peça registra sua dispendiosa salvação.

Como as histórias de detetives não ficam separadas, o mesmo ocorre com as obras explicitamente religiosas. Ela nunca escondeu a artista e a anfitriã na evangelista. O prefácio muito austero (e admirável) de *The Man Born to Be King* [O homem que nasceu para ser rei], escrito quando ela estava sendo atacada com intensa difamação ignorante e rancorosa, torna o ponto de vista desafiadoramente claro. "Assumiram", ela escreve, "que meu objetivo na escrita era 'fazer o bem'. Mas isso, na verdade, não era meu objetivo, embora fosse propriamente o objetivo daqueles que encomendaram as peças. Meu objetivo era *contar essa história* da melhor forma que eu pudesse, dentro do meio à minha disposição — em suma, fazer uma obra de arte tão boa quanto eu pudesse. Pois uma obra de arte que não é boa e verdadeira *na arte* não é nem verdadeira nem boa em algum outro aspecto."[3] É claro que, embora a arte e o evangelismo fossem distintos, acabaram por exigir-se mutuamente. A arte ruim sobre esse tema estava de mãos dadas com a teologia ruim. "Deixe-me dizer-lhe, bons cristãos, que um escritor honesto teria vergonha de tratar um conto infantil como vocês trataram o maior drama da história, e

---

[3] *The Man Born to Be King: A Play-Cycle on the Life of Our Lord and Saviour Jesus Christ* [O homem que nasceu para ser rei: uma peça em série sobre a vida de nosso Senhor e Salvador Jesus Cristo] (1943).

isso em virtude, não de sua fé, mas de sua vocação".[4] E, de igual modo, sem dúvida, sua renúncia a uma intenção de "fazer o bem" foi ironicamente recompensada pela imensa quantidade de bem que ela evidentemente fez.

As qualidades arquitetônicas dessa sequência dramática dificilmente serão questionadas. Alguns me dizem que a consideram vulgar. Talvez eles não saibam o que querem dizer; talvez não tenham digerido completamente as respostas a essa acusação feitas no prefácio. Ou talvez isso simplesmente não seja "dirigido à condição deles". Almas diferentes tiram seu alimento de diferentes recipientes. De minha parte, eu a tenho relido em toda Semana Santa desde que foi publicada pela primeira vez, e nunca voltei a lê-la sem ficar profundamente comovido.

Os últimos anos de Dorothy foram dedicados à tradução. A última carta que escrevi para ela foi em reconhecimento de *A canção de Rolando*,[5] e tive a oportunidade de dizer que as linhas abruptamente interrompidas e o estilo completamente sem enfeites do original devem ter tornado o trabalho muito mais difícil do que traduzir Dante. A alegria dela com esse comentário (certamente não muito profundo) sugeriu que ela estava bastante faminta de críticas racionais. Eu não acho que esse seja um de seus trabalhos mais bem-sucedidos. É muito violentamente coloquial para meu paladar; mas ela conhecia muito mais francês antigo do que eu. Em sua

---
[4]Idem.
[5]Poema épico composto no século XI em francês antigo, que narra o fim heroico do conde Rolando, sobrinho de Carlos Magno, na batalha de Roncesvales, travada contra os sarracenos. [N. T.]

tradução de Dante[6] o problema não é exatamente o mesmo. Ela deve ser lida sempre em conjunto com o artigo sobre Dante, com o qual ela contribuiu para os *Essays Presented to Charles Williams*.[7] Ali se obtém o primeiro impacto de Dante em uma mente madura, acadêmica e extremamente independente. Esse impacto determinou todo o caráter da tradução. Dorothy ficou assustada e encantada por algo em Dante, para o que nenhum crítico, e nenhuma tradução anterior, a preparara: seu ímpeto narrativo abrupto, sua frequente simplicidade, sua comédia elevada, sua bufonaria grotesca. Ela estava determinada a preservar essas qualidades a todo o custo. Se, para fazê-lo, ela tinha de sacrificar a doçura ou a sublimidade, então, sacrificadas seriam. Daí suas audácias na linguagem e no ritmo.

Devemos distinguir isso de algo bastante ignominioso que tem acontecido nos últimos anos — eu me refiro à tentativa de alguns tradutores de grego e latim de fazer com que seus leitores acreditem que *Eneida* foi escrito em gíria de serviçais e que a tragédia ática usa a linguagem das ruas.

---

[6] A tradução da srta. Sayers da *Divina comédia*, de Dante, foi publicada em três volumes: *The Comedy of Dante Alighieri the Florentine. Cantica I: Hell* [A comédia de Dante Alighieri, o florentino. Cântico I: Inferno] (1949); *The Comedy of Dante Alighieri the Florentine. Cantica II: Purgatory* [A comédia de Dante Alighieri, o florentino. Cântico II: Purgatório] (1955); *The Comedy of Dante Alighieri the Florentine. Cantica III: Paradise* [A comédia de Dante Alighieri, o florentino. Cântico III: Paraíso], traduzido com Barbara Reynolds (1962).
[7] "'... And Telling You a Story': A Note on *The Divine Comedy*", *Essays Presented to Charles Williams* ["'... E conto-lhe uma história': Uma nota sobre *Divina comédia*", Ensaios apresentados a Charles Williams] (1947).

Sobre histórias

O que essas versões afirmam de modo implícito é simplesmente falso; mas o que Dorothy estava tentando representar por suas audácias com certeza está lá em Dante. A questão é quão longe você pode ir ao fazer justiça sem prejudicar outras qualidades que também estão lá e, assim, deturpar demais a *Comédia* em uma direção como o meticuloso e velho miltônico Cary havia feito em outra.[8] Por fim, suponho, a pessoa está diante de uma escolha cruel. Nenhuma versão pode nos dar Dante em plenitude. Pelo menos, foi o que eu disse quando li *Inferno*, traduzido por Dorothy. Mas, então, quando cheguei a *Purgatório*, um pequeno milagre parecia estar acontecendo. Ela se ergueu, assim como o próprio Dante se ergueu em sua segunda parte: cada vez mais rica, mais fluente, mais elevada. Então, comecei a ter grandes esperanças com respeito ao *Paraíso* por ela traduzido. Ela continuaria subindo? Seria possível? Ousávamos esperar?

Bem, ela faleceu antes de concluir. Ela foi, como se pode esperar com toda a humildade, aprender mais do céu do que o *Paraíso* poderia dizer-lhe. Por tudo o que ela fez e foi, pelo deleite e pela instrução, por sua militante lealdade como amiga, por sua coragem e por sua honestidade, pelas qualidades ricamente femininas que mostrou por meio de um porte e de uma maneira superficialmente masculinas e até mesmo alegremente semelhantes a de um ogro — agradeçamos ao Autor que a inventou.

---

[8] *The Vision: or, Hell, Purgatory, and Paradise of Dante Alighieri* [A visão: ou Inferno, purgatório e paraíso de Dante Alighieri], traduzido por Henry Francis Cary (1910).

CAPÍTULO 13

O dom mitopeico de
Rider Haggard

Espero que o excelente livro *Rider Haggard: His Life and Works* [Rider Haggard: Sua vida e suas obras], do Sr. Morton Cohen, leve as pessoas a reconsiderar toda a questão relacionada a Haggard. Pois de fato existe um problema aqui. Os vícios de seu estilo são inexcusáveis; a insipidez (e a frequência) de suas reflexões, difíceis de suportar. Mas já não é bom fingir que seu melhor trabalho foi meramente um sucesso efêmero e comercial. Ele não se desvaneceu como as obras de Ouida,[1] da Mrs. Oliphant,[2] de Stanley Weyman[3] ou de Max Pemberton.[4] Sua obra sobreviveu a todo o ambiente de opinião que uma vez tornou aceitáveis

---

[1] Pseudônimo da escritora inglesa Maria Louise Ramé (1839—1908). [N. T.]
[2] Margaret Oliphant Wilson Oliphant (1828—1897) era uma novelista escocesa, que escrevia sobre realismo doméstico, novelas históricas e contos de sobrenatural. Foram 176 obras no total. [N. T.]
[3] O escritor inglês de romances históricos Stanley John Weyman (1855—1928). [N. T.]
[4] Max Pemberton (1863—1950) foi um prolífico novelista popular britânico que escreveu obras principalmente de aventura e de mistério. [N. T.]

seu imperialismo e sua piedade indistinta. O tempo prometido "em que os Rudyard cessariam de *kiplinar* e os Haggard não cavalgariam mais"[5] não conseguiu chegar. Obstinada e escandalosamente, Haggard continua a ser lido e relido. Por quê?

O fato importante para mim é o sentimento que temos ao concluir *As minas do rei Salomão*, ou, ainda mais, *Ela*. "Se tão somente..." são as palavras que nos chegam aos lábios. Se tão somente pudéssemos ter tido essa mesma história contada por um Stevenson, um Tolkien ou um William Golding. Se tão somente, *faute de mieux*, até mesmo nos permitissem reescrevê-las!

Note: a mesma história. Não é a construção que é defeituosa. Do movimento de seu primeiro peão ao xeque-mate final, Haggard geralmente joga como um mestre. Suas cenas de abertura — que história no mundo se inicia melhor do que *Ela*? — estão cheias de promessas sedutoras, e suas catástrofes triunfantemente as mantêm.

A falta de estudo detalhado dos personagens não é uma falha. Uma história de aventura nem precisa nem admite isso. Mesmo na vida real, aventuras tendem a obliterar nuances delicadas. A dificuldade e o perigo nos afastam dos fundamentos morais expostos. A distinção entre ociosa

---

[5]J. K. Stephen, "To R.K." [Para R. K.], *Lapsus Calami* (1905). O autor faz um jogo de palavras que não é possível reproduzir em português. Kipling, sobrenome de Rudyard, autor de *O livro da selva*, assemelha-se aos verbos no gerúndio em inglês. Rider, o primeiro nome de Haggard, por sua vez, significa também "cavaleiro, viajante". [N. T.]]

e ajudadora, corajosa e covarde, confiável e traiçoeira, anula tudo o mais. "Caráter", no sentido do romancista, é uma flor que se expande plenamente onde as pessoas estão seguras, alimentadas, secas e aquecidas. O fato de que as histórias de aventura nos lembrem disso é um de seus méritos.

Os verdadeiros defeitos de Haggard são dois. Primeiro: ele não pode escrever. Ou melhor (aprendi com o Sr. Cohen), *não o fará*. Não quer ser incomodado. Daí os clichês, as jocosidades, a eloquência vã. Quando fala pela boca de Quatermain, ele brinca com o caráter não instruído do caçador simples. Nunca se deu conta de que o que ele escreveu a respeito de sua própria pessoa era muito pior — "literário" no sentido mais condenatório da palavra.

Em segundo lugar, os defeitos intelectuais. Ninguém, depois de ler o Sr. Cohen, pode acreditar que Haggard não tinha contato com a realidade. Aparentemente, suas obras agrícolas e sociológicas são uma refeição sólida de fatos e conclusões bem traçados. Quando decidiu que a única esperança para a terra estava em um projeto que desprezava todas as suas preferências políticas e quebrava todas as suas preciosas esperanças para sua própria classe e sua própria família, ele recomendou esse projeto sem titubear.

Aqui está a verdadeira grandeza do homem, o que o Sr. Cohen chama de "robustez total". Mesmo como autor, ele às vezes pode ser perspicaz — como quando, em *Ela*, Allan Quatermain não sucumbe aos encantos de Ayesha nem acredita em suas "elevadas" histórias autobiográficas. Ao fazer Quatermain manter a cabeça no lugar, Haggard mostra que pode manter a dele.

Sobre histórias

Mas, apesar de Haggard ter percepção, ele era ridiculamente inconsciente de suas limitações. Ele tenta filosofar. Vez após vez, em suas histórias, vemos uma inteligência comum, munida (ou obstruída com) de um apetrecho eclético de noções vagamente cristãs, teosóficas e espiritualistas, tentando dizer algo profundo sobre este assunto fatal: "a vida". Isso é visto em sua forma mais constrangedora sempre que Ayesha fala. Se ela era realmente a filha da Sabedoria, ela não aceitava a mãe. Seu pensamento é o tipo lamentável chamado "superior".

O que nos mantém lendo, apesar de todos esses defeitos, é, claro, a própria história, o mito. O livro de Haggard é o exemplo do dom mitopeico puro e simples — isolado, como se para uma inspeção, de quase todos esses poderes mais especificamente literários com os quais coexiste tão afortunadamente, digamos, *A balada do velho marinheiro*, *O estranho caso do doutor Jekyll e do senhor Hyde* ou *O Senhor dos Anéis*. Para tornar as coisas ainda mais claras, em Haggard mesmo, o poder mitopeico parece ter crescido menos à medida que a arte literária se aperfeiçoava. *Ayesha* não é um bom mito como *Ela*, porém é mais bem escrito.

Esse dom, quando existe em plena medida, é irresistível. Podemos dizer dele, como disse Aristóteles sobre a metáfora: "Nenhum homem pode aprendê-lo de outro". É obra daquilo que Kipling chamou de "o demônio". Ele triunfa sobre todos os obstáculos e nos faz tolerar todas as falhas. Não é afetado por nenhuma noção tola de que o próprio autor, depois do demônio tê-lo deixado, pode divertir-se com seus próprios mitos. Ele sabe sobre eles tanto quanto qualquer outro homem. Foi tolice de Haggard valorizar a crença de que havia, em um sentido factual, "algo" em seus mitos. Mas nós, como leitores, não precisamos nos preocupar com isso.

O *status* mítico de *Ela* é indiscutível. Como todos sabemos, Jung viu nele a corporificação de um arquétipo. Mas, mesmo assim, Jung não conseguiu, eu acho, chegar ao centro. Caso seu ponto de vista fosse correto, o mito deveria funcionar apenas para aqueles a quem Ayesha é uma imagem poderosamente erótica. E ela não é isso para todos os que amam *Ela*. Para mim, por exemplo, Ayesha ou qualquer outra rainha de tragédia — qualquer voz contralto alta, coroada, tempestuosa, sonora e grave com trovão na testa e relâmpagos nos olhos — é um dos antiafrodisíacos mais eficazes do mundo. Em última análise, a vida do mito está em outro lugar.

A história de Ayesha não é uma fuga, mas é sobre fuga; sobre uma tentativa de grande fuga, ousadamente realizada e terrivelmente frustrada. Seu parente mais próximo, talvez seu filho, é *The Well at the World's End*, de Morris, que chegou dez anos depois. Ambas as histórias externam as mesmas forças psicológicas: nossa implacável reticência para morrer, nosso desejo de imortalidade na carne, nosso conhecimento empírico de que isso é impossível, nossa consciência intermitente de que isso nem sequer é realmente desejável (oitavas mais profundas que todas essas) e um sentimento muito primitivo de que a tentativa, se pudesse ser feita, seria ilegal e provocaria a vingança dos deuses. Em ambos os livros, a esperança selvagem, arrebatadora e proibidas (nós achamos) é despertada. Quando a fruição parece quase à vista, um desastre horrível quebra nosso sonho. A versão de Haggard é melhor que a de Morris. Este último torna sua heroína muito humana, muito saudável. Haggard, mais verdadeiro a nosso sentimento, rodeia a solitária "Prometeia" com terror e miséria.

A melhor obra de Haggard subsistirá porque é baseada em um apelo bem acima da marca da maré alta. As marés da moda mais cheias não a podem demolir. Um grande mito é relevante enquanto durar a situação difícil da humanidade; enquanto durar a humanidade. Isso sempre produzirá, naqueles que podem recebê-lo, a mesma catarse.

Haggard vai durar, mas também o ódio a Haggard. A índole vingativa com que os críticos adversos o atacaram em seus dias teve, sem dúvida, algumas causas locais e temporárias. Uma delas era a própria truculência de Haggard. Outra era o ciúme natural dos Gigadibs[6] que só podem desejar um *succès d'estime* ao escritor que produza uma obra "popular", mas também viva e viável. O autor de um *Gorboduc*[7] sempre tem um olhar aguçado para as falhas de um *Tamburlaine*.[8] Mas houve, e sempre haverá, uma

---

[6] O homem literário, um jornalista, personagem do poema *Bishop Blougram's Apology* [A apologia do bispo Blougram], de Robert Browning (1812—1889), considerado o maior poeta inglês da era vitoriana. [N. T.]
[7] *A tragédia de Gordobuc*, um mítico rei britânico, é uma peça de teatro de 1561, escrita por Thomas Norton e Thomas Sackville. [N. T.]
[8] *Tamburlaine, o Grande*, é uma peça escrita por Christopher Marlowe (1564—1593), vagamente baseada na vida de Timur, imperador da Ásia central. [N. T.]

causa mais profunda. Ninguém é indiferente à mitopeia. Ou você a ama, ou a odeia "com um ódio perfeito".

Esse ódio vem em parte de uma relutância em encontrar arquétipos; é uma testemunha involuntária da vitalidade inquietante deles. Em parte, resulta de uma consciência incômoda de que a ficção mais "popular", caso apenas encarne um verdadeiro mito, é muito mais séria do que aquilo que geralmente é chamado de literatura "séria". Pois isso lida com o permanente e inevitável, enquanto uma hora de bombardeio, ou talvez uma caminhada de dez milhas, ou mesmo uma dose de sais, pode aniquilar muitos problemas em que os personagens de um romance refinado e sutil estejam emaranhados. Leia *The Letters of Henry James* [As cartas de Henry James] e veja o que aconteceu com ele algumas semanas depois que a guerra estourou em 1914. Ele logo constrói novamente o mundo jamesiano; mas, por um momento, pareceu "não deixar vestígios".[9]

---

[9] A citação é uma variação da frase encontrada em *A tempestade*, Ato 4, Cena 1, de Shakespeare. [N. E.]

CAPÍTULO 14

George Orwell

Agora que o rebuliço sobre a apresentação de *1984*, de Orwell, na televisão está se desvanecendo, pode ser oportuno levantar uma questão que inquietou minha mente por um tempo considerável.[1] Por que, mesmo antes da recente inundação de publicidade, encontrei dez pessoas que conheciam *1984* para uma que conhecia *A revolução dos bichos*?

Aqui temos dois livros do mesmo autor que lidam, no fundo, com o mesmo assunto. Ambos são retratações muito amargas, honestas e honrosas. Eles expressam a desilusão de alguém que tinha sido um revolucionário do padrão *entre guerre* familiar que, mais tarde, viu que todos os governantes totalitários, embora tenham camisas coloridas, são igualmente inimigos do Homem.

Uma vez que o assunto preocupa-nos a todos e a desilusão foi amplamente compartilhada, não é surpreendente

---

[1] Uma adaptação de *1984* foi transmitida pela BBC, em 12 de dezembro de 1954.

que o livro, ou ambos, sejam muito lidos e sejam obviamente obras de um escritor bastante notável. O que me intriga é a declarada preferência do público por *1984*. Pois me parece (além de seu magnífico, e felizmente destacável, apêndice sobre a "Novafala") ser apenas um livro imperfeito e interessante; mas *A revolução dos bichos* é uma obra de gênio que pode sobreviver às condições particulares e temporárias (assim espero) que a provocaram.

Para começar, é o mais curto dos dois. Isso, por si só, não mostra, evidentemente, que seja o melhor. Eu sou a última pessoa a pensar assim. Calímaco,[2] com certeza, pensava que um livro grande era um grande mal, mas, então, acho que Calímaco era excessivamente pedante. Meu apetite é saudável e, quando me sento para ler, gosto de uma refeição completa. Mas, neste caso, o livro mais curto parece fazer tudo o que o maior faz, e mais. O livro mais longo não justifica sua maior extensão. Há nele palavras ou frases vagas. E penso que todos podemos ver onde estão essas palavras e frases.

No Estado de pesadelo de *1984*, os governantes dedicam muito tempo — o que significa que o autor e os leitores também precisam dedicar muito tempo — a um curioso tipo de propaganda antissexual. Aliás, as aventuras amorosas do herói e da heroína parecem ser mais um gesto de protesto contra essa propaganda do que o resultado natural de carinho ou desejo.

---

[2]Calímaco (310 a.C.—240 a.C.) foi um bibliotecário, gramático e poeta grego, o mais representativo poeta da erudita e sofisticada escola alexandrina. [N. T.]

Agora, sem dúvida, é possível que os mestres de um Estado totalitário tenham uma pulga atrás da orelha com respeito ao sexo como teriam por qualquer outra coisa; e, se for assim, essa pulga, como todas as suas pulgas, vai picar. Mas, na tirania particular descrita por Orwell, não nos é mostrado nada que tornaria provável essa pulga específica. Certas perspectivas e atitudes que por vezes introduziram essa pulga na orelha nazista não são mostradas atuando aqui. Pior ainda: sua marcante presença no livro levanta questões na mente de todos que, na verdade, não têm uma ligação muito estreita com o tema principal e causam ainda mais distração por serem, em si mesmas, de interesse.

A verdade é, a partir do que eu percebi, que a pulga derivou-se de um período anterior (e muito menos valioso) do pensamento do autor. Ele cresceu no tempo do que foi chamado (muito incorretamente) "antipuritanismo", quando pessoas que queriam — na frase característica de Lawrence — "manchar o sexo"[3] estavam entre os inimigos comuns. E, desejando esmagar os vilões o máximo possível, ele decidiu lançar essa acusação contra eles, bem como todas as acusações relevantes.

Mas o princípio de que qualquer bastão é suficientemente bom para que você vença seu vilão é fatal nas obras ficcionais. Muitos "personagens ruins" promissores

---

[3] "Pornography and Obscenity" [Pornografia e obscenidade] em *Phoenix: The Posthumous Papers of D. H. Lawrence* [Fênix: Os ensaios póstumos de D. H. Lawrence], ed. Edward D. MacDonald (1936).

(por exemplo, Becky Sharp)[4] foram prejudicados pela adição de um vício inadequado. Todas as passagens dedicadas a esse tema em *1984* soam-me falsas. Não estou reclamando agora do que alguns chamariam (de modo justo ou não) de "mau cheiro" nas passagens eróticas. Pelo menos não de mau cheiro em geral, apenas do cheiro de distração.

Mas esse é apenas o exemplo mais claro da deficiência que, ao longo da obra, faz *1984* inferior ao livro *A revolução dos bichos*. Há muito sobre isso na própria psicologia do autor: muita indulgência com o que ele sente como um homem, não podado ou dominado pelo que ele pretende fazer como artista. *A revolução* é obra de uma ordem totalmente diferente. Aqui, o todo está projetado e há distância dele. Ele se torna um mito e lhe é permitido falar por si mesmo. O autor nos mostra coisas odiosas; ele não gagueja nem fala grosso sob o impulso do próprio ódio. A emoção já não o incapacita, porque ela toda foi usada e usada para fazer alguma coisa.

Um resultado é que a sátira se torna mais eficaz. Sagacidade e humor (ausentes do trabalho mais longo) são empregados com efeito devastador. A grande frase "Todos os animais são iguais, mas alguns animais são mais iguais do que outros" impacta mais profundamente que *1984* inteiro.

Assim, o livro mais curto faz tudo o que o maior faz. E também faz mais. Paradoxalmente, quando Orwell transforma todos os seus personagens em animais, ele os torna

---

[4]Personagem principal e nome original do filme *Vaidade e beleza*, de 1935. [N. T.]

mais humanos. Em *1984*, a crueldade dos tiranos é odiosa, mas não é trágica; odiosa como um homem esfolando um gato vivo, não trágica como a crueldade de Regan e Goneril contra Lear.[5]

A tragédia exige certo prestígio mínimo da vítima, e o herói e a heroína de *1984* não alcançam esse mínimo. Eles se tornam interessantes apenas na medida em que sofrem. Isso é alegação suficiente (sabe Deus) sobre nossas simpatias na vida real, mas não na ficção. Um personagem central que escapa à nulidade apenas por ser torturado é um fracasso. E o herói e a heroína nessa história são, certamente, criaturas tão monótonas e pequenas que alguém poderia ser apresentado a elas uma vez por semana durante seis meses sem nunca se lembrar delas.

Em *A revolução dos bichos* tudo isso é diferente. A ganância e a astúcia dos porcos são trágicas (não meramente odiosas), porque fomos feitos para cuidar de todos os animais honestos, bem-intencionados ou mesmo heroicos que eles exploram. A morte de Sansão, o cavalo, comove-nos mais do que todas as crueldades mais elaboradas do outro livro. E não só comove, mas convence. Aqui, apesar do disfarce animal, sentimos que estamos em um mundo real. É assim — esse amontoado de porcos se empanturrando, cães mordedores e cavalos heroicos — que a

---

[5] Personagens de *Rei Lear* (c. 1623), tragédia teatral de William Shakespeare. Regan e Goneril são, respectivamente, a segunda e a mais velha filha do rei, ambas famintas por poder que convencem o pai, por meio de bajulação, a deixar-lhes o reino. [N. T.]

humanidade é; muito boa, muito ruim, muito mesquinha, muito honrada. Se os homens fossem apenas como as pessoas em *1984*, não valeria a pena escrever histórias sobre eles. É como se Orwell não pudesse vê-los enquanto não os colocasse em uma fábula de animais.

Por fim, *A revolução dos bichos* é formalmente quase perfeito: leve, forte, equilibrado. Não há uma frase que não contribua para o todo. O mito diz tudo o que o autor quer que ele diga e — igualmente importante — não diz nada além. Aqui está um *objet d'art* tão duradouro como uma ode de Horácio ou uma cadeira Chippendale.

É por isso que considero a popularidade superior de *1984* tão desencorajadora. Algo deve, é claro, ser permitido para a mera extensão. Os livreiros dizem que livros curtos não venderão. E há razões louváveis. O leitor de fim de semana quer algo que dure até a noite de domingo; o viajante quer algo que dure até Glasgow.

Mais uma vez, *1984* pertence a um gênero que agora é mais familiar do que uma fábula de animais; refiro-me ao gênero do que pode ser chamado de "distopias", aquelas visões assustadoras do futuro que começaram, talvez, com *A máquina do tempo* e *The Sleeper Wakes*, de Wells. Gostaria de supor que essas causas sejam suficientes. Com certeza, seria alarmante se tivéssemos de concluir que o uso da imaginação tenha deteriorado tanto que os leitores exijam em toda ficção uma superfície realista e não consigam tratar qualquer fábula como nada além de "juvenil", ou então as cenas de cama em *1984* são os temperos sem os quais nenhum livro consegue ser vendido.

CAPÍTULO 15

A *morte* de *palavras*

Eu acho que foi a Srta. Macaulay que se queixou em um de seus deliciosos artigos (forte e leve como fio de aço) que os dicionários sempre nos falam de palavras "agora usadas apenas em um sentido negativo", e raramente ou nunca de palavras "agora usadas apenas em um sentido positivo". Sem dúvida, é verdade que quase todos os nossos termos de insulto eram originalmente termos de descrição; chamar um homem de "vilão" definia seu *status* legal muito antes de denunciar sua moralidade. A humanidade não parece satisfeita com palavras diretas de desaprovação. Em vez de dizer que um homem é desonesto, ou cruel, ou pouco confiável, insinuam que ele é ilegítimo, ou jovem, ou baixo na escala social, ou algum tipo de animal; que ele é um "escravo camponês", um "bastardo", um "malcriado", um "patife", um "cachorro", um "porco" ou (mais recentemente) um "adolescente".

Mas duvido que essa seja toda a história. Há, de fato, poucas palavras que já foram insultantes e agora são corteses — "democrata" é a única que me vem à mente de imediato. Mas com certeza há palavras que se tornaram *meramente* corteses — palavras que uma vez tiveram um sentido definido e agora não são nada mais do que ruídos de vaga aprovação? O exemplo mais claro é a palavra "cavalheiro". Esse foi, em algum tempo (como "vilão"), um termo que definia um fato social e heráldico. Saber se Snooks[1] era um cavalheiro era um problema quase tão resolúvel como saber se ele era advogado ou mestre em ciências humanas.

A mesma pergunta, feita há quarenta anos (quando era enunciada com muita frequência), não admitiu nenhuma solução. A palavra se tornou meramente elogiosa, e as qualidades em que se baseava o elogio variaram de um momento para outro, inclusive na mente do mesmo falante. Essa é uma das maneiras pelas quais as palavras morrem. Um habilidoso médico de palavras dirá que a doença é mortal naquele momento em que a palavra em questão começa a abrigar os parasitários adjetivos "real" ou "verdadeiro". Enquanto "cavalheiro" tiver um significado claro, basta dizer que fulano é um cavalheiro. Quando começamos a dizer que ele é um "cavalheiro de verdade", ou "um verdadeiro cavalheiro", ou "um cavalheiro na verdadeira acepção da palavra", podemos ter certeza de que a palavra não viverá por muito tempo.

Eu me arriscaria, então, a ampliar a observação da Srta. Macaulay. A verdade não é apenas que as palavras originalmente inocentes tendem a adquirir um sentido

---

[1]Personagem de *The Duel, Or, My Two Nephews: A Farce in Two Acts* [O duelo, ou meus dois sobrinhos: uma farsa em dois atos], peça teatral do dramaturgo inglês Richard Brinsley Peake (1792—1847). [N. T.]

negativo. O vocabulário de lisonjas e de insultos é ampliado continuamente à custa do vocabulário de definição. Da mesma forma que cavalos velhos vão para o matadouro ou navios antigos são desmontados, assim as palavras, em seu declínio final, aumentam a enorme lista de sinônimos para "bom" e para "mau". E, enquanto a maioria das pessoas estiver mais ansiosa para expressar aquilo de que gosta e de que não gosta do que para descrever fatos, isso deve permanecer uma verdade universal sobre a linguagem.

Esse processo está acontecendo muito rapidamente no momento. As palavras "abstrato" e "concreto" foram criadas para expressar uma distinção em que é de fato necessário pensar; mas é apenas para os altamente qualificados que elas ainda o fazem. Na linguagem popular, "concreto" agora significa algo como "claramente definido e praticável"; tornou-se um termo de elogio. "Abstrato" (parcialmente sob a influência fonética de "abstruso") significa "vago", "sombrio", "insubstancial"; tornou-se um termo de reprovação. "Moderno", na boca de muitos palestrantes, deixou de ser um termo cronológico; ele foi "mergulhado em um sentido positivo" e muitas vezes significa pouco mais do que "eficiente" ou (em alguns contextos) "bondoso"; "barbáries medievais", na boca dos mesmos palestrantes, não faz referência nem à Idade Média nem às culturas classificadas como bárbaras. Significa simplesmente "crueldades grandes ou perversas". "Convencional" não pode mais ser usado em seu sentido próprio sem explicação. "Prático" é mero termo de aprovação; "contemporâneo", em certas escolas de crítica literária, é pouco melhor.

A morte de palavras

Salvar qualquer palavra do abismo elogioso e ofensivo é uma tarefa digna dos esforços de todos os que amam a língua inglesa. E posso pensar em uma palavra — a palavra "cristão" — que, neste momento, está à beira do precipício. Quando os políticos falam de "padrões morais cristãos", eles nem sempre pensam em algo que distinga a moral cristã da moral confuciana, ou estoica, ou benthamita.[2] Muitas vezes, percebe-se que isso é apenas uma variante literária entre os "epítetos adornados" que, em nosso estilo político, a expressão "padrões morais" parece requerer; "civilizado" (outra palavra arruinada), ou "moderno", ou "democrático", ou "iluminado" teriam servido também. Mas será realmente um grande incômodo se a palavra "cristão" se tornar apenas um sinônimo para "bom". Os historiadores, se para ninguém mais, às vezes precisarão da palavra em seu próprio sentido, e o que eles vão fazer? Esse é sempre o problema de permitir que as palavras caiam no abismo. Uma vez que "porco" se transforma em mero insulto, você precisa de uma nova palavra ("suíno") quando quiser falar sobre o animal. Uma vez que "sadismo" é diminuído em sinônimo inútil de "crueldade", o que você faz quando precisar se referir à perversão altamente particular que afligiu o Marquês de Sade?

É importante notar que o perigo para a palavra "cristão" não vem de seus inimigos declarados, mas de seus amigos. Não foram os igualitários, mas foram os intrusos

---

[2]Jeremy Bentham (1748—1832), filósofo e jurista inglês, considerado como difusor do utilitarismo. [N. T.]

admiradores da gentileza que mataram a palavra "cavalheiro". Outro dia, tive motivo para dizer que certas pessoas não eram cristãs. Um crítico perguntou como eu ousava dizer isso, sendo incapaz (como é claro que sou) de ler o coração delas. Eu tinha usado a palavra para significar "pessoas que professam fé nas doutrinas específicas do cristianismo"; meu crítico queria que eu a usasse no que ele (com razão) chamaria de "um sentido muito mais profundo" — um sentido tão profundo que nenhum observador humano pode dizer a quem se aplica.

E não é esse sentido mais profundo mais importante? É, de fato, assim como era mais importante ser um cavalheiro "real" do que ter uma armadura. Contudo, o sentido mais importante de uma palavra nem sempre é o mais útil. Qual é o bem em aprofundar a conotação de uma palavra se você privá-la de toda a denotação praticável? As palavras, bem como as mulheres, podem ser "mortas de modo gentil". E, quando você, por mais reverentemente que tenha sido, tiver matado uma palavra, você também, no que diga respeito ao quanto havia dela em sua mente, terá apagado da mente humana o que a palavra em sua origem representava. Os homens não continuam a pensar naquilo que esqueceram como dizer.

CAPÍTULO 16

o *Párteno*n
e o *optativo*

"O problema com estes meninos", disse um austero e idoso acadêmico clássico olhando por cima de alguns insípidos trabalhos de admissão que ele estava a avaliar, "o problema com estes meninos é que os mestres estão conversando com eles sobre o Pártenon quando deveriam falar sobre o optativo."[1] Todos nós sabíamos o que ele queria dizer. Nós mesmos já havíamos lido textos como aqueles.

Desde então, tendi a usar o Pártenon e o optativo como símbolos de dois tipos de educação. O primeiro começa com coisas difíceis e áridas, como gramática, datas e prosódia, e tem, pelo menos, a chance de terminar em uma apreciação real, que é igualmente difícil e firme, embora não tão árida. O outro começa com "apreciação" e termina em arrebatamento. Mesmo que o primeiro falhe, terá, no mínimo, ensinado ao menino como é o conhecimento.

---

[1] Referência ao modo dos verbos gregos e de outros idiomas que expressa anelo, esperança ou desejo. Em português, é expresso pelo subjuntivo. [N. T.]

Ele pode decidir que não se importa com o conhecimento, mas sabe que não se importa com isso e sabe que ele não o alcançou. Mas o outro tipo falha mais desastrosamente quando é mais bem-sucedido. Ele ensina um homem a se sentir vagamente culto permanecendo, na verdade, um asno. Esse tipo o faz pensar que está desfrutando de poemas que ele não pode interpretar. Esse tipo o qualifica a fazer resenha de livros que ele não entende e a ser intelectual sem intelecto. Esse tipo faz estragos com a própria distinção entre verdade e erro.

E, no entanto, a educação do tipo Pártenon é frequentemente recomendada por aqueles que têm e amam a aprendizagem real. Esses são movidos por uma espécie de falsa reverência pelas musas. O que valorizam, digamos, na literatura, parece-lhes uma coisa tão delicada e espiritual que não podem suportar vê-la (como eles pensam) degradada por auxiliares tão grosseiros e mecânicos como paradigmas, quadros-negros, marcas e documentos de exame. Eles apontam para as perguntas que os examinadores definem: "Dê o contexto de cinco dos seguintes itens e adicione as explicações necessárias". O que isso tem a ver com a verdadeira qualidade de *A tempestade*?[2] Não seria melhor apenas ensinar os meninos a apreciá-la?

Mas há um profundo mal-entendido aqui. Esses educadores bem-intencionados têm razão em pensar que a apreciação literária é uma coisa delicada. O que eles não

---

[2] Peça teatral de William Shakespeare escrita entre 1610 e 1611 e considerada por muitos como a última escrita pelo autor. [N. T.]

percebem é que, por essa mesma razão, os exames elementares sobre assuntos literários devem se limitar apenas às questões áridas e factuais, que muitas vezes são ridicularizadas. As perguntas nunca deveriam testar a apreciação; a ideia era descobrir se o menino tinha lido os livros. Era na leitura, não no exame, que se esperava que o livro fosse bom. E isso, longe de ser um defeito nesses exames, é apenas o que os torna úteis ou até toleráveis.

Tomemos um exemplo de uma esfera superior. Um exame simples e factual nas Escrituras é, na pior das hipóteses, um assunto inofensivo. Mas quem poderia suportar um exame que tentasse descobrir se os candidatos eram "salvos" e exigisse 60% de aproveitamento para aprovação em Santidade? A situação em assuntos literários tem certa analogia com isso. Diga ao menino que estude de última hora para um exame sobre um livro, depois apresente perguntas para descobrir se ele o fez. Na melhor das hipóteses, ele pode ter aprendido (e, melhor do que tudo, inconscientemente) a desfrutar de um grande poema. Na segunda melhor, ele fez um trabalho honesto, usando a memória e a razão. Na pior das hipóteses, não lhe fizemos nenhum mal: não escavaram sua alma nem se intrometeram nela, não lhe ensinaram a ser um pedante ou um hipócrita. Mas um exame elementar que tenta avaliar "as aventuras da alma entre os livros" é uma coisa perigosa. O que os meninos obsequiosos, se encorajados, tentarão fabricar, e os mais espertos podem imitar, e os tímidos vão esconder, o que morre com o toque da venalidade, é chamado a se apresentar e a *desempenhar*, a se exibir, naquela mesma idade em que os indícios tímidos e semiconscientes podem suportar menos essa autoconsciência.

Pode-se ver no Relatório Norwood como essa falsa reverência pode facilmente ser vencida.[3] Os criadores desse relatório querem que os exames externos de literatura inglesa sejam abolidos nas escolas. A razão oferecida é que literatura é uma coisa tão "sensível e indefinível" que esses exames tocam apenas a "grosseira periferia". Se eles tivessem parado aqui, embora eu não consiga ver por que a parte mais grosseira de uma coisa deva ser a menos tocada, eu poderia ter alguma simpatia por eles. Há muito a dizer sobre a exclusão da literatura dos currículos escolares. Não tenho certeza se a melhor maneira de fazer um menino amar os poetas ingleses seja proibi-lo de lê-los para, depois, certificar-se de que ele teve inúmeras oportunidades para desobedecer a você. Mas não é isso que o relatório pretende. Ele quer que a apreciação literária seja ensinada. E, ainda, que o ensino seja testado, mas não por pessoas de fora. "O sucesso do professor", diz, "pode ser medido por ele mesmo ou por um de seus colegas imediatos que o conhece bem".

Algo como um exame, então, deve continuar. As duas reformas são (a) que ele deve lidar com o núcleo "sensível

---

[3] O relatório, assim chamado por seu presidente, Sir Cyril Norwood, é intitulado *Curriculum and Examinations in Secondary Schools: Report of the Committee of the Secondary School Examinations Council Appointed by the President of the Board of Education in 1941* [Currículo e exames nas escolas secundárias: Relatório do Comitê do Conselho de Exames de Escolas Secundárias nomeado pelo presidente do conselho de educação em 1941].

e indefinível", em vez da "grosseira periferia"; e (b) deve estar tudo em família, por assim dizer. Os mestres é que devem "avaliar" o próprio sucesso ou o sucesso de seu par. Não tenho a menor ideia do que devemos esperar da segunda novidade. Todo o propósito dos exames externos em qualquer assunto é obter uma crítica imparcial de um estrangeiro douto que não pode ter preconceitos sobre os meninos ou sobre os professores. Em oposição direta a isso, o Relatório Norwood deseja como examinador não apenas o colega do professor, mas um colega "que o conhece bem". Suponho que isso deva estar relacionado com o fato de que o assunto é "sensível e indefinível". Mas não posso, por mais que me esforce, ver *de que maneira*. Eles não podem querer dizer que, por ser o assunto especialmente inacessível para testes objetivos, ele, então (o único de todos os assuntos), deve ser testado sob condições que tornam a objetividade idealmente difícil.

O Sr. A (ao final da preleção de literatura inglesa com o Dr. Leavis,[4] em Cambridge) extravasa sua personalidade — em pura apreciação não factual de sua forma. Os meninos malandros divertem-se com isso, e os "bons" meninos engolem tudo isso e o reproduzem. Existe um resultado suficientemente difícil para qualquer pessoa julgar de forma objetiva. Mas a solução é legar o julgamento ao Sr. B, que viveu lado a lado com o Sr. A por treze semanas, e o Sr. B aprendeu *seu*

---

[4]Frank Raymond Leavis (1895—1978), crítico de literatura britânico que, com o desenvolvimento da carreira, tornou-se cada vez mais dogmático, beligerante e paranoico em suas críticas. [N. T.]

tipo de apreciação com W. P. Ker,[5] em Londres. No entanto, ninguém descobriu se os meninos realmente entenderam as palavras que o autor escrevera, pois aquilo era apenas a "grosseira periferia". No entanto, isso poderia ter sido testado com precisão tolerável por qualquer grupo de pessoas, e os meninos teriam sido poupados de fazer ginástica espiritual sob os olhos de seus examinadores. O antigo tipo de exame era melhor.

É claro que encontramos muitas pessoas que nos explicam que agora seriam ótimas leitoras de poesia se não tivessem sido "mimadas por eles" na escola que fazia isso para exames do tipo antigo. É teoricamente possível. Talvez elas já fossem santas se ninguém jamais as examinasse segundo as Escrituras. Talvez elas tivessem sido estrategistas ou heroínas se nunca tivessem sido abertamente colocadas na escola. Pode ser assim, mas por que deveríamos acreditar que é assim? Temos apenas a palavra delas; e como *elas* sabem?

---

[5]William Paton Ker (1855—1923), professor de literatura e ensaísta escocês, pioneiro no estudo dos romances e épicos medievais, admirado por Tolkien. [N. T.]

CAPÍTULO 17

Crítica de época

Ao abrir *The Listener* alguns dias atrás, encontrei um artigo sobre Chesterton escrito pelo Sr. James Stephens[1] — um artigo que me pareceu mesquinho e até mesmo injusto.[2] Havia ali duas acusações principais contra Chesterton; uma, que ele era muito público (pois, na visão do Sr. Stephens, a poesia é um assunto muito privado); a outra, que ele estava "datado". A primeira não precisa, talvez, ser discutida aqui por muito tempo. Stephens e eu nos encontramos em lados opostos de uma cerca muito conhecida, e o lado do Sr. Stephens é, devo reconhecer, o popular no momento. Ainda me parece que o ônus da prova recai sobre os que descrevem como "privadas" as composições que seus autores se esforçam para multiplicar por meio de impressão e são anunciadas e expostas à venda em lojas. É um método estranho de proteger a privacidade.

---
[1] James Stephens (1880—1950) foi um poeta e novelista irlandês. Suas obras, em que reconta mitos e contos de fadas irlandeses, traziam rara combinação de humor e lirismo. [N. T.]
[2] James Stephens, 'The "Period Talent" of G. K. Chesterton', *The Listener* (17 de outubro de 1946).

Sobre histórias

Mas essa questão pode esperar. Certamente, ela não teria preocupado Chesterton. Nem o teria a máxima de que qualquer poesia que seja imediata e amplamente aceitável (como a de Eurípides, Virgílio, Horácio, Dante, Chaucer, Shakespeare, Dryden, Pope e Tennyson) deve ser apenas uma poesia "camponesa" que ofendeu um homem que não queria nada tanto quanto a restauração do campesinato. Mas a questão da "datação" permanece.

É muito difícil aqui resistir a inverter o jogo, a perguntar qual escritor exala mais inconfundivelmente o cheiro de um período específico do que o próprio Stephens. Se essa peculiar mistura de mitologia e teosofia — Pã e Angus,[3] *leprechauns*[4] e anjos, reencarnação e dores de Deirdre[5] — não leva um homem de volta ao mundo de Lady Gregory,[6] A.E.,[7] Yeats[8] dos anos intermediários e até mesmo de

---

[3] Na mitologia irlandesa, um deus do amor, da juventude e da inspiração poética. [N. T.]

[4] O sapateiro do povo das fadas é figura do folclore irlandês: um homenzinho, sempre trabalhando num único pé de sapato no meio das folhas de um arbusto. [N. T.]

[5] Deirdre das Dores é a mais notável heroína de tragédia das lendas irlandesas. Sua história é parte do Ciclo de Ulster, as mais conhecidas histórias da Irlanda pré-cristã. [N. T.]

[6] Isabella Augusta Gregory (1852—1932), dramaturga e folclorista anglo-irlandesa, publicou livros em que recontou histórias da mitologia irlandesa. [N. T.]

[7] George William Russell (1867—1935) usava o pseudônimo Æ (escrito também AE ou A.E.). Escritor, editor, crítico, poeta, pintor e nacionalista irlandês; escreveu sobre misticismo e era seguidor da teosofia. [N. T.]

[8] William Butler Yeats (1865—1939), poeta, dramaturgo e místico irlandês. Inicialmente, suas obras eram de natureza romântica exuberante e fantasiosa; posteriormente, tornaram-se mais austeras e modernas. Recebeu o Nobel de Literatura de 1923. [N. T.]

Algernon Blackwood,[9] então, a palavra "período" realmente não tem significado. Dificilmente qualquer outro livro escrito em nosso século seria datado com tanta exatidão por evidências internas como *The Crock of Gold* [O jarro de ouro].[10] Mesmo a sugestão curiosa do Sr. Stephens de que as histórias de detetive (das quais Chesterton foi notoriamente culpado) de alguma forma ajudaram a produzir a primeira guerra alemã pode ser rebatida. Isso seria tão plausível quanto vincular a ideologia nazista aos elementos orgiásticos na obra do próprio Sr. Stephens: ao culto de Pã, à revolta contra a razão (simbolizada pela jornada, prisão e resgate do filósofo), ou à figura do Homem Mais Feio. E pode-se facilmente sustentar que o pano de fundo teológico dos livros imaginativos de Chesterton é de data bastante anterior à mistura do Crepúsculo Celta[11] e ocultismo sério (Yeats afirmava ser um mágico praticante) que não podemos deixar de presumir no Sr. Stephens.

Mas, embora isso seja fácil, não valeria a pena fazê-lo. Provar que o Sr. Stephens é datado não vai provar que Chesterton é perene. E tenho outro motivo para não responder ao Sr. Stephens com esse *argumentum ad hominem*.

---

[9]Algernon Henry Blackwood (1869—1951), contista e romancista inglês, um dos mais produtivos autores de obras de terror. Apresentava um programa radiofônico de histórias sobrenaturais. [N. T.]
[10]James Stephens, *The Crock of Gold* (1912), *The Demi-Gods* [Os semideuses] (1914), *Here Are Ladies* [Aqui estão senhoras] (1913), *Deirdre* (1923).
[11]Também chamado de Avivamento Celta ou Celtomania, reuniu vários movimentos e tendências, nos século XIX e XX, de interesse renovado em aspectos da cultura celta. [N. T.]

Ainda gosto dos livros do Sr. Stephens. Ele ocupa, em meu panteão privado, um lugar inferior ao de Chesterton, mas igualmente seguro. É inferior porque a proporção de coisas supérfluas em *The Crock of Gold*, *The Demi-Gods* e *Here Are Ladies* (não há coisa supérflua em *Deirdre*) parece-me maior do que a encontrada em *White Horse*, *O homem que era quinta-feira* ou *The Flying Inn*.[12] Eu acho que os longos parágrafos daquilo que, em Boston, costumava ser chamado de "transcendentalismo" que encontramos no Sr. Stephens são ruins, por vezes até absurdos. Mas eles sempre foram ruins: datas não têm nada a ver com isso. Por outro lado, os efeitos cômicos gigantes (e, em sentido próprio, rabelaisianos) — a prisão do Filósofo ou as aventuras pós-mortais de O'Brien e a moeda de três centavos — são inesgotáveis. Assim é o caráter daquele admirável *picaro* Patsy MacCann.[13] Assim é o Asno.[14] Assim é a descrição da natureza; as árvores que seguravam firmemente suas folhas no vento ou o corvo que dizia: "Eu sou o diabo de um corvo". Não posso desistir do Sr. Stephens. Se alguém escrever um artigo bobo e rancoroso para dizer que ele era apenas um talento de "uma época", vou lutar nessa questão enquanto houver uma gota de tinta em minha caneta.

---

[12] G. K. Chesterton, *The Ballad of the White Horse* [A balada do cavalo branco] (1911), *O homem que era quinta-feira* (1908), *The Flying Inn* [A estalagem voadora] (1914).
[13] Funileiro ambulante e cafajeste em todos os aspectos, viaja pela Irlanda com a filha Mary, acompanhados por três anjos. Personagem de *The Demi-Gods*. [N. T.]
[14] Animal personagem do mesmo livro. [N. T.]

Crítica de época

A verdade é que toda a crítica em torno de datas e épocas, como se grupos etários fossem a classificação adequada dos leitores, é confusa e até vulgar. (Não quero dizer que o Sr. Stephens seja vulgar. Um homem que não é vulgar pode fazer uma coisa vulgar — você encontrará isso explicado na *Ética*, de Aristóteles.) É vulgar porque apela para o desejo de estar atualizado, um desejo adequado apenas para costureiras. É confuso porque coloca no mesmo nível as diferentes maneiras pelas quais um homem pode ser "de sua época".

Um homem pode ser de sua época no sentido negativo. Ou seja, ele pode lidar com coisas que não são de interesse permanente, mas que só pareciam ser de interesse devido a alguma moda temporária. Assim, os poemas de Herbert[15] em forma de altares e cruzes são "datados"; assim, talvez os elementos ocultistas na escola celta sejam "datados". Um homem provavelmente se tornará "datado" dessa maneira precisamente por estar ansioso em não ser datado, e sim "contemporâneo", pois mover-se com os tempos é, sem dúvida, ir para onde todos os tempos vão.

Por outro lado, um homem pode ser "datado" no sentido de que as formas, o arranjo, a parafernália pelos quais ele expressa assuntos de interesse permanente são de uma época particular. Nesse sentido, os maiores escritores são

---

[15] George Herbert (1593—1633), galês, poeta, orador e piedoso ministro da Igreja da Inglaterra, conhecido por seu cuidado pelos paroquianos. Sua poesia (escrevia em inglês, latim e grego), de caráter metafísico, era disposta em formas (asas, altar, cruz) que reforçavam o conteúdo. [N. T.]

frequentemente os mais datados. Ninguém é mais inconfundivelmente da Acaia antiga do que Homero, mais escolástico do que Dante, mais feudal do que Froissart,[16] mais "isabelino" do que Shakespeare. *The Rape of the Lock*[17] [O rapto da madeixa] é uma peça de época perfeita (e nunca obsoleta). *The Prelude*[18] tem o cheiro de sua época. *A terra desolada*[19] tem os "anos 1920" carimbados em todas as linhas. Mesmo Isaías revelará a um estudante cuidadoso que não foi composto na corte de Luís XIV nem na Chicago moderna.

A verdadeira questão é: em que sentido Chesterton era de sua época? Grande parte de seu trabalho foi reconhecidamente jornalismo efêmero: está datado no primeiro sentido. Os pequenos livros de ensaios são agora principalmente de interesse histórico. Seu paralelo no trabalho do Sr. Stephens não são seus romances, mas seus artigos em *The Listener*. Mas as obras imaginativas de Chesterton parecem-me estar em uma posição bastante diferente. Elas são, obviamente, compostas de

---

[16]Jean Froissart (c. 1337—c. 1400), poeta e um dos mais importantes cronistas da França medieval. [N. T.]

[17]Poema de narrativa heroico-cômica, escrito por Alexander Pope (1688—1744). [N. T.]

[18]Ou *Growth of a Poet's Mind; An Autobiographical Poem* [O crescimento da mente de um poeta: um poema autobiográfico]. É a obra-prima do poeta inglês William Wordsworth, publicado pela esposa postumamente. [N. T.]

[19]O longo poema publicado em 1922, do americano naturalizado inglês T. S. Eliot (1888—1965), é um resumo da história do pensamento ocidental. [N. T.]

forma muito rica. O antigermanismo em *The Ballad of the White Horse* pertence a uma heresia histórica tola e transitória do Sr. Belloc[20] — sempre, no aspecto intelectual, uma influência desastrosa sobre Chesterton. E, nos romances, as bengalas-espada, os táxis Hansom, os anarquistas, todos retornam a uma Londres real e a uma Londres imaginada (a de *The New Arabian Nights* [As novas noites árabes][21]) que deixamos para trás. Mas como é possível não ver que aquilo que vem por meio de tudo isso é permanente e atemporal? O tema central da *Ballad* — a mensagem altamente paradoxal que Alfred recebe da Virgem — encarna o sentimento, e o único sentimento possível, com o qual, em qualquer época, homens quase derrotados erguem as armas que haviam abandonado e vencem? Por isso, no próprio nadir da última guerra, uma poetisa muito diferente e requintada (Srta. Ruth Pitter),[22] inconsciente e inevitavelmente, atingiu com exatidão o mesmo tom com os versos:

Tudo, exceto as esperanças divinas e desesperadas, se esvai
e não é mais.

---

[20]Joseph Hilaire Pierre René Belloc (1870—1953), escritor e historiador anglo-francês. Sua fé católica teve forte impacto em sua obra. [N. T.]
[21]Coleção de histórias curtas de Robert Louis Stevenson, publicada em 1882. [N. T.]
[22]Emma Thomas "Ruth" Pitter, (1897—1992), poeta britânica, a primeira a receber a Medalha de Ouro da Rainha para Poesia em 1955. [N. T.]

Por isso, naqueles dias calmos após a queda da França, eu e um jovem amigo meu (prestes a entrar na Força Aérea Real) nos vimos citando uma estrofe atrás da outra da *Ballad*. Não havia mais nada a dizer.

O mesmo ocorre com as histórias. Leia novamente *The Flying Inn*. Lord Ivywood é obsoleto? O político doutrinário, aristocrático ainda que revolucionário, desumano, corajoso, eloquente, que transforma as mais vis traições e as opressões mais abomináveis em frases bem construídas que ecoam com grande magnanimidade — isso está desatualizado? Não ficam muito agitadas as sensibilidades de qualquer jornalista moderno ao ler de Hibbs However? Ou leia novamente *O homem que era quinta-feira*. Compare com outro bom escritor, Kafka. A diferença é simplesmente que um é "datado" e o outro é contemporâneo? Ou é melhor que, embora ambos apresentem um quadro poderoso da solidão e da perplexidade que cada um de nós encontra em sua luta (aparentemente) solitária com o universo, Chesterton, atribuindo ao universo um disfarce mais complicado e admitindo a alegria e o terror da luta, conseguiu certamente mais; é mais equilibrado; nesse sentido, mais clássico, mais permanente?

Vou dizer ao Sr. Stephens que esse homem é como quem nada consegue ver nessas histórias, exceto uma composição literária do "período" eduardiano. Ele é como um homem que deve olhar para *Deirdre*, do Sr. Stephens (aquele livro inequivocamente ótimo e quase perfeito entre os muitos bons livros de seu autor) e, tendo visto os nomes (Connohar, Deirdre, Fergus, Naoise), deve murmurar: "Todas as coisas

Crítica de época

do antigo Abbey Theatre"[23] e não ler mais. Se o Sr. Stephens é muito modesto para responder que esse homem seria um tolo, farei isso por ele. Esse homem seria um tolo muito notável: um tolo primeiramente por desprezar o Yeats dos primeiros anos; segundo, por assumir que qualquer livro do mesmo tema deve ser como o Yeats dos primeiros anos; e um tolo em terceiro lugar por não compreender algumas das melhores narrativas heroicas, alguns dos mais disciplinados momentos que evocavam tristeza e algumas dentre as prosas mais impecáveis que nosso século já viu.

---

[23]Teatro nacional da Irlanda, inaugurado em 1904. [N. T.]

CAPÍTULO 18

Diferentes gostos *na literatura*

Tenho pensado mais uma vez sobre o problema preocupante das diferenças naquilo que é chamado de Gosto, embora as implicações da palavra *Gosto*, se tomadas seriamente, não nos deixam com problema algum. Se de fato pensássemos que a escolha de um homem entre a Srta. Ruby M. Ayres[1] e Tolstói corresponde exatamente à escolha entre uma cerveja leve e outra amarga, não deveríamos discutir isso, pelo menos não seriamente. Mas, na verdade, nós realmente não pensamos assim. Podemos dizer que sim, no calor da discussão, mas não acreditamos nisso. A ideia de que algumas preferências na arte são realmente melhores do que outras não pode ser eliminada, e essa ideia, colocada em conflito com o fato de que parece não haver testes objetivos sobre isso, engendra o problema.

---

[1] Ruby Mildred Ayres (1881—1955), escritora e roteirista de cinema inglesa. Seus romances (como *Amor de outono*, *Esposa de mentira*, *Seguindo a miragem*...) eram especialmente voltados para mulheres jovens, publicados no Brasil na coleção Biblioteca das Moças. [N. T.]

Diferentes gostos na literatura

Agora, sem supor que eu vá resolver esse problema em um artigo, tenho me perguntado com seriedade, nos últimos tempos, se não tornamos isso desnecessariamente difícil por causa de uma afirmação inicial incorreta. Com frequência, alguém encontra um escritor assumindo desde o princípio que algumas pessoas gostam de arte ruim do mesmo modo que outras gostam de boa arte. É isto que eu questiono. Eu vou sugerir que, em certo sentido reconhecível, arte ruim nunca tem sucesso com todo mundo.

Mas, primeiramente, devo explicar o que quero dizer com arte ruim. Se, por arte ruim, você quer dizer, por exemplo, *O anel do nibelungo*,[2] *Marmion*[3] e Sullivan,[4] então, reconhecidamente, a teoria que vou apresentar não funcionará. Deve-se posicionar seu padrão muito mais baixo do que isso. Deve-se chamar arte ruim as coisas que nem sequer são consideradas entre as pessoas que discutem a questão com seriedade, exceto as coisas que são gritadas em todas as rádios, brotam de todas as bibliotecas circulantes e estão penduradas na parede de cada hotel. O engano que estou atacando é a afirmação de que *essas* coisas são,

---

[2] *O anel do Nibelungo* é um grupo de óperas épicas compostas pelo alemão Richard Wagner (1813—1883), baseadas em personagens mitológicos das sagas nórdicas. [N. T.]
[3] *Marmion: A Tale of Flodden Field* (Marmion: Um conto do campo de Flodden) é um romance histórico em versos de Sir Walter Scott (1771—1832). [N. T.]
[4] Provavelmente Thomas Russell Sullivan (1849—1916), escritor americano, responsável pela adaptação para o teatro de *O estranho caso do Dr. Jekyll e do Sr. Hyde*. Também escreveu romances e histórias curtas, com temas góticos. [N. T.]

por algumas pessoas, apreciadas tanto quanto a boa arte é apreciada por outras — coisas como a poesia da Srta. Ella Wheeler Wilcox[5] ou o último sucesso popular na música. Eu incluiria certos cartazes, mas nunca todos eles.

Não há, claro, nenhuma dúvida de que essas coisas são apreciadas *de alguma forma*. A radiotelegrafia está ligada, os romances circulam, os poemas são comprados. Mas temos provas de que eles preenchem, na vida de alguém, o lugar que a boa arte preenche na vida daqueles que a amam? Olhe para o homem que gosta de música ruim enquanto ele está desfrutando dela. Seu apetite é realmente genuíno. Ele está preparado para ouvir sua favorita muitas vezes por dia. Mas ele não para de falar enquanto está fazendo isso. Ele participa. Ele assobia, marca o tempo com os pés, dança no quarto ou usa o cigarro ou a caneca como a batuta de um maestro. E, quando a música acabar, ou antes que acabe, ele estará falando com você sobre outra coisa. Quero dizer: quando aquela performance acabar; pois, quando "acabar" em outro sentido, quando essa música ou dança sair de moda, ele nunca pensará nela novamente, exceto talvez como curiosidade.

Na literatura, as características do "consumidor" de arte ruim são ainda mais fáceis de definir. Ele (ou ela) pode muito querer sua porção semanal de ficção ao ponto de ficar muito infeliz se lhe for negada. Mas ele nunca relê. Não existe uma distinção mais clara entre o literário e o não literário. É infalível. O homem literário relê, outros

---

[5] Ella Wheeler Wilcox (1850—1919) foi uma escritora popular e poeta americana. [N. T.]

Diferentes gostos na literatura

homens simplesmente leem. Um romance já lido é para estes como o jornal de ontem. Pode-se ter alguma esperança com respeito a um homem que nunca leu a *Odisseia*, ou Malory, ou Boswell,[6] ou *Pickwick*,[7] mas nenhuma esperança (no que diz respeito à literatura) quanto ao homem que lhe diz que as *leu* e pensa que isso resolve o assunto. É como se um homem dissesse que se banhou uma vez, ou dormiu uma vez, ou beijou a esposa uma vez, ou uma vez foi dar um passeio. Se a poesia ruim é relida ou não (ela é estranhamente atraída para o quarto de hóspedes), eu não sei. Mas o próprio fato de não saber é significativo. Ela não se infiltra na conversa daqueles que a compram. Não encontramos dois de seus amantes reunidos à noite, separando citações para uma boa conversa sobre suas favoritas. O mesmo ocorre com pinturas ruins. O comprador diz, sem dúvida com sinceridade, que ele considera encantadora, agradável, bela, fascinante ou (mais provavelmente) "bonita" uma dessas pinturas. Mas ele a pendura onde não pode ser vista e nunca mais olha para ela.

Em tudo isso, sem dúvida, encontramos os sintomas de um verdadeiro desejo por arte ruim, mas um desejo que não é da mesma espécie do desejo dos homens por boa

---

[6]James Boswell (1740—1795), advogado e biógrafo escocês, um dos maiores diaristas do século XVIII. Seu sobrenome produziu, em inglês, adjetivos para significar "companhia e observador constante". [N. T.]

[7]*The Posthumous Papers of the Pickwick Club* (Os documentos póstumos do Clube Pickwick), conhecido por diferentes nomes no Brasil, foi escrito por Charles Dickens (1812—1870), apresenta muitas críticas à sociedade inglesa vitoriana e deu a seu autor o reconhecimento popular. [N. T.]

arte. O que os clientes de arte ruim claramente desejam — e obtêm — é um pano de fundo agradável para a vida, algo que vai preencher momentos singulares, "empacotá-los" para o bagageiro mental ou "enriquecê-los com fibras" para o estômago mental. Não há realmente nenhuma questão de *alegria*, de uma experiência com o fio da navalha que refaz a mente inteira, que produz "o santo arrepio espectral", que pode fazer um homem (como a "música do vento" fez com Pepys)[8] "se sentir realmente doente, como já estive antes, quando apaixonado pela minha esposa". O prazer na arte ruim não é uma ocorrência, em um contexto infeliz, do mesmo prazer que os homens têm com a boa arte. O desejo por arte ruim é o desejo gerado pelo hábito: semelhante ao desejo do fumante por tabaco, mais marcado pelo extremo *mal-estar* da abstinência do que por qualquer prazer muito forte em de sua fruição.

Logo, as primeiras experiências que alguém tem de alegria real nas artes não aparecem como rivais dos monótonos prazeres anteriores. Quando, na infância, passei de *Lays of Ancient Rome*[9] (que não é suficientemente ruim para deixar claro meu argumento, mas terá de servir — as prateleiras de meu pai eram deficientes em livros realmente

---

[8]Samuel Pepys (1633—1703), administrador da Marinha da Inglaterra e Membro do Parlamento. Tornou-se famoso por seu diário, em que combina informações pessoais e revelações como testemunha ocular de eventos, como a Grande Praga e o Grande Incêndio de Londres. [N. T.]
[9]Coleção de poemas líricos, ou canções, de Thomas Babington Macaulay (1800—1889), historiador inglês, que reconta episódios heroicos da história inicial de Roma. [N. T.]

ruins) para *Sohrab and Rustum*,[10] nem ao menos senti que estava recebendo mais quantidade ou melhor qualidade de um prazer que eu já conhecia. Era mais como se um armário, que até agora tivesse sido apreciado apenas como lugar para pendurar casacos, provasse um dia, quando você abriu a porta, poder levá-lo ao jardim das hespérides;[11] como se uma comida que alguém desfrutava por causa do gosto um dia pudesse capacitá-lo (como o sangue do dragão) a compreender o discurso dos pássaros;[12] como se a água, além de matar sua sede, de repente se tornasse uma substância inebriante. Alguém descobriu que o antigo fenômeno familiar da "Poesia" poderia ser usado, insistiu em ser usado, para um propósito totalmente novo. Tais transições são simplesmente deturpadas ao se dizer que "o menino começou a gostar de poesia", ou "começou a gostar de poesia melhor". O que realmente acontece é que algo que jazia no fundo como um dos pequenos prazeres da vida — não radicalmente diferente de uma bala de leite — surge na sua frente e o envolve até você estar (no sentido de Pepys) "realmente doente", até você tremer e se sentir quente e frio como um amante.

---

[10] Poema narrativo em que Matthew Arnold (1822—1888) reconta, tentando imitar o estilo de Homero, um famoso episódio épico da história turca. [N. T.]

[11] Na mitologia grega, as hespérides eram primitivas deusas primaveris, donas desse jardim que fica no extremo ocidental do mundo, em que havia uma árvore que produzia maçãs de ouro. [N. T.]

[12] Referência a *Rígspula* [Canção de Ríg], um poema nórdico composto entre os século X e XIII [N. T.]

Eu suspeito, portanto, que nunca devemos dizer, simplesmente, que alguns homens gostam da boa arte e alguns homens gostam da ruim. O erro aqui se esconde no verbo "gostar". Você também pode inferir do uso que os franceses fazem de *aimer* que um homem "ama" uma mulher assim como "ama" golfe, e começa a tentar comparar esses dois "amores" em termos de "gosto", ou sabor, melhor e pior. De fato, fomos vítimas de um jogo de palavras. A afirmação correta é que alguns homens gostam de arte ruim; a boa arte, por sua vez, produz uma resposta para a qual "gostar" é a palavra errada. E essa outra resposta, talvez, nunca tenha sido produzida em ninguém por arte ruim.

Nunca? Não há livros que produzam em nós o mesmo êxtase que descrevi (na juventude) e que agora julgamos ser ruins? Há duas respostas. Em primeiro lugar, se a teoria que eu sugiro funciona na maioria dos casos, vale a pena considerar se as aparentes exceções podem não ser apenas aparentes. Talvez qualquer livro que realmente tenha criticado qualquer leitor, por mais jovem que seja, tenha algo de fato bom e, em segundo lugar — mas, isso, devo adiar até a semana que vem.

* * *

Eu sugeri na semana passada que a arte ruim nunca é realmente apreciada no mesmo sentido em que o é a boa arte. Ela é apenas "saboreada": ela nunca surpreende, prostra e aprisiona. Mas, ao fazer essa afirmação, encontro uma dificuldade. Isso nunca foi mais bem colocado do que por aquele excelente e negligenciado artista, o Sr. Forrest

Reid.[13] Na pequena autobiografia chamada *Apostate* [Apóstata], ele descreve seu deleite, quando menino, em *Ardath*, da Srta. Marie Corelli.[14] Mesmo naquela idade, a última parte pareceu-lhe "tão ruim que enfraqueceu a impressão do que havia passado antes". Mas essa impressão anterior permaneceu. Talvez com sabedoria, o Sr. Reid não tenha arriscado uma releitura na idade adulta. Ele temeu que "sua beleza muito provavelmente pareça-se para mim com a vulgaridade, sua aventura apaixonada, com o melodrama, sua poesia, com um esforço grosseiro em busca de efeito". Mas, de qualquer modo, acrescenta o Sr. Reid (que, um pouco menos provavelmente que qualquer homem vivo, tenha sido enganado nesse assunto), é inútil "fingir que o prazer antigo não era tão somente um prazer estético. Era isso. Esse é o propósito". E ele contribui com a importante sugestão: "O que eu alcancei à época, provavelmente, foi o *Ardath* da imaginação da Srta. Corelli; o que eu deveria alcançar agora seria o *Ardath* muito menos esplêndido do que a obra real dela."

Esse diagnóstico pode não estar correto. O Sr. Reid pode ter alcançado o *Ardath* da imaginação da autora ou pode ter alcançado seu próprio *Ardath*; isto é, ele pode realmente ter gostado de uma composição embrionária própria estimulada por simples sugestões no livro. Mas não é necessário

---

[13] Forrest Reid (1875—1947) foi novelista, crítico literário e tradutor irlandês, conhecido por obras de teor romântico, tratando de assuntos relativos à adolescência. [N. T.]

[14] Pseudônimo de Mary Mackay (1855—1924), escritora e mística inglesa. [N. T.]

decidir entre essas duas possibilidades. A questão é que, de qualquer ponto de vista, ele estava gostando do livro, não pelo que este realmente era, mas pelo que não era. E esse tipo de coisa costuma acontecer quando o leitor é imaginativamente superior ao autor, e também é jovem e não crítico. Assim, para um menino no primeiro desabrochar da imaginação, a imagem mais crua de um galeão com velas estendidas pode ser o suficiente. Na verdade, ele quase não *vê* a imagem. Na primeira sugestão, ele está a mil quilômetros de distância; a salmoura, nos lábios; o mar subindo e descendo; e as gaivotas vindo mostrar que o país não descoberto está perto.

O que eu não admitirei é que isso derrube, em geral, o princípio de que a arte ruim nunca provoca êxtase. Pode derrubar a imediata aplicação desse princípio como uma régua de medir. Muito melhor assim. Queremos ter certeza de que existe uma distinção real entre bom e ruim, que o que chamamos de avanços em nosso próprio gosto não são meras flutuações sem valor. Não é igualmente necessário, nem pode ser desejável, que devamos saber com certeza, em qualquer caso particular, quem está errado e quem está certo. Agora, a existência de miragens (como aquilo que, para o Sr. Reid, não resultou, mas *dependia* das palavras da Srta. Corelli) não derruba o princípio. Na miragem, desfrutamos do que não existe — o que estamos fazendo por nós mesmos ou, talvez seja, lembrando outras e melhores obras das quais a obra diante de nós é um lembrete. E isso é algo bastante distinto da grande massa de "saborear" ou "apreciar" arte ruim. Os clientes de poesia sentimental, de romances ruins, de pinturas ruins e de músicas meramente cativantes estão, de modo usual, desfrutando exatamente do que está aí. E o prazer deles, como eu argumentei, não é de modo algum comparável ao prazer que outras pessoas usufruem da boa arte.

É morno, trivial, marginal, habitual. Não os *incomoda*, nem os assombra. Denominar esse gosto, bem como o arrebatamento de um homem por causa de uma grande tragédia ou por uma música requintada, pelo mesmo nome, prazer, é pouco mais do que uma piada. Continuo a sustentar que aquilo que encanta e arrebata é sempre bom. Nas miragens, esse bem não está onde supomos que esteja, ou seja, no livro ou na pintura. Mas pode ser bom em si mesmo — assim como um oásis é uma coisa boa, embora esteja a cem quilômetros de distância, e não, como o viajante do deserto vê, no próximo vale. Ainda não temos provas de que as qualidades realmente presentes na arte ruim podem fazer por qualquer um o que a boa arte faz para alguns. Não porque a arte ruim dê prazer, mas porque ela oferece um tipo completamente diferente de arte. Não nos desviem perguntando se a distinção é entre o prazer "estético" e algum outro tipo. Por certas definições filosóficas, ambos são provavelmente estéticos. A questão é que ninguém se *preocupa* com arte ruim do mesmo modo que alguns se preocupam com a boa.

Se assim for, não nos são apresentadas experiências rivais na arte entre as quais temos de escolher para "formar um bom gosto" — ou não no nível que estou considerando. Além desse nível, quando eliminamos o que é admitidamente ruim por todos os que criticam, o problema crítico pode surgir. Você pode decidir se Berlioz é inferior a Bach, ou Shelley a Crashaw. Mas eu proponho que qualquer obra que tenha produzido prazer intenso e extático em qualquer um — o qual tenha realmente *importado* — entre nessa delimitação e que a maior parte do que chamamos de arte "popular" nunca foi candidata à entrada. Ela não estava tentando fazer isso, seus consumidores não queriam que fizesse isso, eles nunca haviam concebido que a arte pudesse ou deveria fazer isso.

O critério da boa arte seria, desse ponto de vista, puramente empírico. Não há teste externo, mas tampouco há confusão. E eu iria mais longe. Gostaria de sugerir que as discriminações críticas mais sutis — as que só começam dentro da delimitação — sempre (e com bastante razão) envolvem mais do que critérios estéticos. Assim, você me diz que o que experimentei ao ouvir pela primeira vez o prelúdio para *Parsifal* foi inferior ao que você experimenta ao ouvir a música da Paixão de Bach. Estou certo de que você tem razão. Mas eu não acho que você queira dizer, ou deveria dizer, que Wagner é arte ruim no sentido em que muita música popular é arte ruim. Isso está dentro daquela delimitação. As músicas das comédias musicais que eu cantarolei quando era criança não foram avaliadas por mim da mesma *maneira* que avaliei *Parsifal*. Nunca houve possibilidade de concorrência. E, quando você continua a chamar Wagner de "ruim" (em um sentido muito mais elevado e mais sutil), sempre traz o que são realmente considerações técnicas ou morais — as últimas,

Diferentes gostos na literatura

nos círculos artísticos, sendo muitas vezes veladas dos que as usam. Assim, você condena Wagner como banal, ou óbvio, ou fácil (questões técnicas), ou vulgar, ou sensual, ou bárbaro (questões morais). E eu acho que você procede corretamente. Apenas advogo que nenhum desses critérios é necessário, ou é de fato usado, para nossa distinção preliminar entre arte "real", ou "boa", ou "séria" e o que é obviamente arte "ruim" ou (meramente) "popular". Ela nunca foi uma concorrente. Wagner é "bom" pelo simples fato de que ele pode se tornar a coisa mais importante na vida de um menino por todo um ano ou mais. Depois disso, a decisão ficará por conta dele. O "ser bom" no sentido a que me refiro é algo já consagrado.

Algumas pessoas confusas não conseguem entender como se pode saber que um axioma (digamos, sobre coisas que são iguais à mesma coisa) é verdade. Não poderia se a mente encontrar, sobre esse assunto, qualquer proposição alternativa. Mas não existe uma proposição alternativa: há uma sentença que parece (gramaticalmente) como uma proposição, mas não é, pois, se você a pronuncia, nada acontece em sua mente. Do mesmo modo, não há experiência alternativa para a arte boa. As experiências oferecidas pela arte ruim não são do mesmo tipo. O mundo não está cheio de pessoas que extraem de *O monarca do vale*[15] o que

---

[15] *O monarca do vale* é um óleo sobre tela que retrata um veado vermelho, concluído em 1851 pelo pintor inglês Edwin Landseer (1802—1873). Tornou-se uma das pinturas mais populares do século XIX. [N. T.]

Sobre histórias

você extrai de Tintoretto,[16] mais do que está cheio de pessoas que se embebedam com água. Seria como supor que o transitório piscar de curiosidade que me faz parar, ao passar por um campo de críquete, a fim de ver a próxima bola impulsionada seja o mesmo que o interesse de uma multidão ensandecida em um jogo de futebol.

---

[16]Tintoretto, alcunha de Jacopo Robusti (1518—1594), um dos pintores mais radicais do maneirismo. Pintava com assombrosa energia; a dramática utilização de perspectiva e de efeitos da luz o tornou um dos precursores do Barroco. [N. T.]

CAPÍTULO 19

Sobre a crítica

Quero falar sobre as maneiras pelas quais um autor que é também crítico pode aperfeiçoar-se como crítico ao ler as críticas de seu próprio trabalho. Mas devo restringir meu assunto um pouco mais. Costumava-se supor que uma das funções do crítico fosse ajudar os autores a escreverem melhor. Seu louvor e sua censura supostamente deveriam mostrar aos autores onde e como tinham sido bem-sucedidos ou tinham falhado, de modo que da próxima vez, tendo sido beneficiados com o diagnóstico, poderiam curar suas falhas e aumentar suas virtudes. Isso era o que Pope tinha em mente quando disse: "Faça uso de todos os amigos — e de todos os inimigos". Mas quero aprofundar mais essa discussão. Ao agir assim, o autor-crítico pode, sem dúvida, beneficiar-se, como crítico, das resenhas de seu trabalho crítico. Estou aqui considerando como ele poderia beneficiar-se, como crítico, por análises de seus escritos não criticados: seus poemas, suas peças, suas histórias ou o que for; o que ele pode aprender sobre a arte da crítica ao vê-la aplicada a si mesmo; como ele pode se tornar um crítico melhor, ou um menos ruim, dos trabalhos imaginativos de outros homens a partir do tratamento dado a suas próprias obras imaginativas. Vou afirmar que, quando seu próprio trabalho está sendo criticado, você está, em certo sentido, em uma posição especialmente vantajosa para detectar o que há de bom e de ruim na crítica.

Isso pode parecer paradoxal, mas é claro que tudo se dá em torno da limitação do assunto que estabeleci: *em um sentido específico*. Há, naturalmente, outro sentido em que o autor de um determinado livro é, entre todos os homens, o menos qualificado para julgar as críticas a essa obra. É óbvio que ele não pode julgar a avaliação de outros, pois ele não é imparcial. E, se isso o leva, por ingenuidade, a saudar todas as críticas laudatórias como boas e toda crítica desfavorável como ruim, ou, se (o que é mais provável) o leva, no empenho contra esse preconceito óbvio, a fazer o máximo de esforço para rebaixar todos os que o louvam e admirar todos os que o censuram, é igualmente um fator perturbador. Assim, se, por crítica, você quer dizer unicamente avaliação, homem algum pode julgar as críticas a seu próprio trabalho. Na verdade, porém, a maior parte do que chamamos de escrita crítica contém muitas coisas além da avaliação. E isso ocorre tanto para as resenhas quanto para as críticas contidas na história literária, pois ambas sempre devem, e geralmente tentam, informar seus leitores e direcionar o julgamento deles. Agora, na medida em que seus críticos fazem isso, sustento que o autor pode ver os defeitos e os méritos do trabalho deles melhor do que qualquer outra pessoa. E, se ele também é um crítico, acho que pode aprender com eles a evitar um e imitar outro, a como não cometer, sobre livros de autores mortos, os mesmos erros cometidos sobre os seus.

Espero que agora esteja claro que, ao falar sobre o que penso ter aprendido com meus próprios críticos, não tentei, de modo algum, o que poderia ser chamado de "resposta à crítica". Isso seria, de fato, bastante incompatível com o que eu realmente estou fazendo. Algumas das resenhas que considero mais culpadas dos vícios de crítica que vou mencionar são totalmente favoráveis; uma das mais severas que já tive pareceu-me totalmente livre desses vícios. Espero que cada autor tenha tido a mesma experiência. Os autores, sem dúvida, sofrem de amor-próprio, mas nem sempre devem ser vorazes a ponto de abolirem toda a discriminação. Eu acho que o louvor fátuo de um verdadeiro tolo pode prejudicar mais do que qualquer depreciação.

Uma falha na crítica deve ser removida de pronto, pois não faz parte de meu verdadeiro tema: refiro-me à desonestidade. A honestidade estrita não é, até onde posso ver, nem mesmo proposta como um ideal no mundo literário moderno. Quando eu era um escritor jovem e desconhecido, às vésperas de minha primeira publicação, uma amável amiga me disse: "Você terá alguma dificuldade com as resenhas? Eu poderia mencionar você para algumas pessoas..." É quase como se alguém dissesse a um graduando na véspera de um Tripos:[1] "Você conhece algum dos exa-

---

[1] O exame final para uma licenciatura com honras na Universidade de Cambridge. [N. T.]

minadores? Eu poderia interceder por você". Anos depois, um homem que me havia analisado com um comedido favorecimento escreveu-me (embora fosse um estranho) uma carta em que me disse que havia realmente considerado meu livro muito melhor do que a resenha mostrara: "Mas, é claro", disse ele, "se eu o tivesse elogiado mais, fulano não teria impresso meu texto".

Outra vez, fui alvo do ataque de um crítico em um jornal chamado X. Então, esse homem escreveu um livro que imediatamente me foi oferecido, entre tantas pessoas, pelo editor de X, para resenhá-lo. Provavelmente ele só queria fazer com que nós dois nos envolvêssemos em uma briga, para a diversão do público e o aumento de suas vendas. Mas, mesmo que tomássemos a possibilidade mais favorável — se assumíssemos que esse editor teve uma espécie de ideia aproximada do que chamam de esportividade e disse: "A atacou B; é justo deixar B atacar A"—, é muito claro que ele não tem um conceito de honestidade em relação ao público que lhe garante o próprio sustento. Os leitores têm o direito, pelo menos, a uma crítica honesta, isto é, imparcial e sem preconceitos, e ele não podia ter pensado que eu era a pessoa mais adequada para julgar aquele livro com imparcialidade. É ainda mais desolador que, sempre que conto essa história, alguém replica — brandamente, sem empolgação — com a pergunta: "E você fez…?" Isso me parece insultante, porque não consigo ver como um homem honesto poderia fazer qualquer coisa a não ser o que eu fiz: recusar a proposta altamente inadequada do editor. Claro que as pessoas não viam isso como um insulto. Esse é exatamente o problema.

Sobre a crítica

Quando um homem toma por certo minha velhacaria com a intenção de me insultar, isso pode não importar muito. Ele pode apenas estar com raiva. É quando ele assume isso sem a mínima noção de que alguém pode ser ofendido, quando revela tão levianamente sua ignorância de que sempre houve padrões pelos quais isso poderia ser insultante, que um abismo parece abrir-se a seus pés.

Se eu excluí essa questão da honestidade de meu assunto principal, não é porque eu a considere sem importância. Aliás, considero-a muito importante. Se houver algum tempo em que a honestidade dos críticos for considerada como certa, acho que os homens vão voltar os olhos para o estado atual das coisas como nós agora olhamos para países ou períodos nos quais juízes ou examinadores costumavam receber subornos. Meu motivo para descartar o assunto brevemente é que quero falar sobre as coisas que espero ter aprendido com meus próprios críticos, e essa não é uma delas. Foi-me dito muito antes de eu me tornar autor que não se deve contar mentiras (nem mesmo por *suppressio veri* ou por *suggestio falsi*)[2] e que não devemos pegar dinheiro para fazer uma coisa e depois, secretamente, fazer algo bem diferente. Posso acrescentar, antes de deixar esse assunto, que não se deve chamar esses resenhistas de corruptos com muita dureza. Muito deve ser perdoado a

---

[2] Em latim, *suppresio veri* significa "supressão da verdade": deturpação da verdade pela omissão ou supressão de certos fatos-chave; mentira por omissão. Por sua vez, *suggestio falsi* é "sugestão de falsidade": deturpação da verdade causada por sugestão de que uma falsidade é verdade; mentira por implicação. [N. T.]

um homem em uma profissão corrupta em um período corrupto. O juiz que recebe subornos em um momento ou lugar em que todos aceitam suborno pode, sem dúvida, ser culpado, mas não tanto quanto um juiz que o faça em uma civilização mais saudável.

Volto agora a meu assunto principal.

A primeira coisa que aprendi com meus críticos foi não a necessidade (todos nós a admitimos, em princípio), mas a extrema raridade da conscientização do trabalho preliminar que toda crítica deveria pressupor. Refiro-me, é claro, a uma leitura cuidadosa do que se critica. Isso pode parecer óbvio demais para que eu me estenda. Coloquei isso em primeiro lugar precisamente porque é tão óbvio e também porque espero que ilustre minha tese de que, de certo modo (não, é claro, de outros), o autor não é o pior, mas o melhor, juiz de seus críticos. Apesar de poder ser ele ignorante sobre o valor de seu livro, ele é, pelo menos, um especialista em seu conteúdo. Quando você planeja, escreve e reescreve a coisa e lê as provas duas ou mais vezes, você sabe melhor do que qualquer outra pessoa o que existe ali. Não estou falando de "o que tem aqui" em qualquer sentido sutil ou metafórico (pode, nesse sentido, ser "não há nada aqui"), mas simplesmente quais palavras são, e quais não são, impressas nessas páginas. A menos que você tenha sido resenhado com frequência, dificilmente acreditará quão poucos resenhistas de fato fizeram essa preparação. E não apenas resenhistas hostis. Por estes, pode-se ter alguma simpatia. Ter de ler um autor que o afeta como um cheiro ruim ou uma dor de dente é um trabalho árduo. Quem se admiraria se um homem ocupado execute essa tarefa desagradável de qualquer maneira a fim de avançar o mais rápido possível para o exercício muito mais agradável de insultar e denegrir? No entanto, nós examinadores prosseguimos com dificuldade pelas respostas mais estúpidas, mais repugnantes, mais ilegíveis, antes de dar uma nota; não porque gostamos, nem mesmo porque pensamos que a resposta a mereça, mas porque isso é o que aceitamos ser pagos para fazer. Mas, de fato, os críticos laudatórios frequentemente mostram uma ignorância igual sobre o texto. Eles também preferiram escrever a ler. Às vezes, em ambos os tipos de resenha, a ignorância não se deve à ociosidade. Muitas pessoas começam por pensar que sabem o que vai ser dito e acreditam, honestamente, ter lido o que esperavam ler. Mas, por qualquer motivo, com certeza acontecerá de, caso você seja resenhado, ser repetidamente culpado e louvado por dizer o que nunca disse e por não dizer o que você disse.

Agora, claro, é verdade que um bom crítico pode formar uma estimativa correta de um livro sem ler cada palavra dele. Talvez tenha sido o que Sidney Smith[3] quis dizer quando afirmou: "Nunca se deve ler um livro antes de analisá-lo. Isso só o prejudicará." No entanto, não falo em avaliações baseadas em uma leitura imperfeita, mas em falsidades factuais diretas sobre o que o livro contém ou não contém. Afirmações negativas são, é claro,

---

[3] Sidney Smith (1771—1845), inglês e clérigo anglicano. [N. T.]

particularmente perigosas para o resenhista preguiçoso ou apressado. E aqui, ao mesmo tempo, está uma lição para todos nós como críticos. Uma passagem tirada de todo o *A rainha das fadas* vai justificar dizer que Spenser às vezes faz tal ou tal coisa; apenas uma leitura exaustiva e uma memória infalível justificarão a afirmação de que ele nunca faz tal coisa específica. Isso todo mundo vê. O que mais facilmente escapa a alguém é o aspecto negativo escondido em declarações aparentemente positivas, como, por exemplo, em qualquer declaração que contenha o predicado "novo". Diz-se, de modo leviano, que algo que Donne,[4] ou Sterne,[5] ou Hopkins,[6] fazia era novo, comprometendo-se assim com a afirmação negativa de que ninguém havia feito aquilo antes. Mas isso está além do conhecimento de alguém; tomado rigorosamente, está além do conhecimento de quem quer que seja. Mais uma vez, as coisas que todos estamos aptos a dizer sobre o crescimento ou desenvolvimento de um poeta podem muitas vezes implicar a ideia negativa de que ele não escreveu nada além do que chegou até nós — o que ninguém sabe. Nós não vimos o conteúdo de sua cesta de papéis jogados fora. Se tivéssemos visto, o que agora parece uma mudança

---

[4]John Donne (1572—1631), poeta inglês e clérigo da Igreja da Inglaterra, figura de destaque entre os poetas metafísicos. [N. T.]
[5]Laurence Sterne (1713—1768), novelista irlandês e clérigo anglicano. [N. T.]
[6]Gerard Manley Hopkins (1844—1889), poeta inglês e sacerdote católico jesuíta. Sua fama de inovador autor de versos foi estabelecida postumamente. [N. T.]

Sobre a crítica

abrupta, do poema A para o poema B, em sua maneira de escrever, pode acabar por não ter sido de todo abrupta.

Seria errado deixar esse tópico sem dizer que, embora possa ser assim com os resenhistas, os críticos acadêmicos parecem-me agora melhores do que nunca o foram antes. Os dias em que Macaulay[7] poderia sair-se com a ideia de que *A rainha das fadas* continha a morte da Blatant Beast, ou Dryden, com a observação de que Chapman[8] traduziu a *Ilíada* em versos alexandrinos, terminaram. No geral, agora fazemos nossa lição de casa muito bem. Mas ainda não perfeitamente.

Sobre as obras mais obscuras, ainda circulam as ideias de um crítico para outro que, obviamente, não foram verificadas pela leitura real. Tenho um exemplo divertido de evidência privada disso em minha posse. Meu exemplar de certo poeta volumoso anteriormente pertencia a um grande erudito. No começo, pensei ter encontrado um tesouro. A primeira e a segunda páginas eram ricas, e mais sabiamente, anotadas com uma caligrafia elegante e legível. Havia menos na terceira; depois disso, no restante do primeiro poema, não havia nada. Cada obra estava no mesmo estado: as primeiras páginas anotadas, o restante,

---

[7]Thomas Babington Macaulay (1800—1859) escreveu *Critical and Historical Essays: Contributed to the* Edinburgh Review [Ensaios críticos e históricos: Contribuição para o *Edinburgh Review*] (1843), uma coleção de artigos que foi amplamente divulgada por todo o mundo de língua inglesa. [N. T.]

[8]George Chapman (c. 1559—1634), dramaturgo, tradutor e poeta inglês. [N. T.]

em perfeitas condições. "Tão longe nas entranhas da terra"[9] cada vez, e não mais. No entanto, ele escreveu sobre essas obras.

Essa, então, foi a primeira lição que os resenhistas me ensinaram. Há, claro, outra lição. Não deixe ninguém tentar ganhar a vida sendo resenhista, exceto como um último recurso. Essa ignorância fatal sobre o texto nem sempre é fruto de preguiça ou de malícia. Pode ser uma mera derrota por conta de um fardo intolerável. Viver noite e dia com aquela montanha desesperadora de livros novos (na maior parte desagradáveis) empilhando-se em sua mesa, para ser compelido a dizer algo sobre o que você não tem nada a dizer, a estar sempre atrasado com sua tarefa — de fato, muito pode ser desculpado em alguém tão escravizado. Mas, claro, dizer que uma coisa é desculpável é confessar que ela precisa de desculpas.

Passo agora a algo que me interessa muito mais, pois o pecado básico que detecto nos resenhistas é um que acredito que devemos todos achar muito difícil de banir de nosso próprio trabalho crítico. Quase todos os críticos são propensos a imaginar que conhecem um grande número de fatos relevantes sobre um livro, mas, na realidade, não

---

[9] Na expressão, "bowels of the land" significa "o interior escuro da terra". A associação entre as entranhas e o centro visceral escuro das coisas é antiga; o primeiro uso conhecido é na tradução de Peter Morwyng de *The treasure of Evonymus* [O tesouro de Evônimo], de 1559. Imagens de "entranhas" também foram usadas por Shakespeare em várias de suas peças. A ideia aqui é de estar em estado bruto, em um lugar inexplorado até o momento. [N. T.]

Sobre a crítica

conhecem. O autor inevitavelmente percebe a ignorância deles porque ele (muitas vezes, só ele) conhece os fatos reais. Esse vício de crítica pode ter muitas formas diferentes. (1) Quase todos os resenhistas presumem que os livros foram escritos na mesma ordem em que foram publicados, e todos estes um pouco antes da publicação. Houve uma ótima ocasião para isso recentemente nas análises de *O Senhor dos Anéis*, de Tolkien. A maioria dos críticos assumiu (isso ilustra um vício diferente) que devia ser uma alegoria política e muitos pensaram que o mestre do Anel deveria *ser* a bomba atômica. Qualquer um que conhecesse a verdadeira história da criação da obra saberia que isso não era apenas errôneo, mas impossível; cronologicamente impossível. Outros assumiram que a mitologia do romance de Tolkien surgira da história para seus filhos *O Hobbit*. Isso, novamente, ele e seus amigos sabiam ser totalmente falso. Agora, é claro, ninguém culpa os críticos por não conhecerem essas coisas: como poderiam? O problema é que eles não sabem que não sabem. Um palpite salta na mente deles e eles escrevem aquilo sem perceber que é um palpite. Aqui, com certeza, a advertência para todos nós como críticos é muito clara e alarmante. Críticos de *Piers Plowman*[10] e *A rainha das fadas* fazem construções gigantescas sobre a história dessas composições.

---

[10]*Visio Willelmi de Petro Ploughman* [A visão de Guilherme de Pedro Lavrador] é um poema narrativo alegórico escrito por William Langland (c. 1332—c. 1386), uma das maiores obras da literatura inglesa da Idade Média. Contém as primeiras alusões conhecidas à tradição literária das histórias de Robin Hood. [N. T.]

Sobre histórias

É claro que todos devemos admitir que tais construções são conjecturas. E, como conjecturas, você pode perguntar: não são, algumas delas, prováveis? Talvez sejam. Mas a experiência de ser resenhado reduziu a estimativa que faço dessa probabilidade. Porque, quando se começa por conhecer os fatos, descobre que as construções revelam-se muitas vezes em absoluto erradas. Aparentemente, as chances de serem corretas são baixas, mesmo quando feitas em linhas bastante sensatas. É claro que não estou esquecendo que o resenhista (com razão) dedicou menos estudo a meu livro do que o acadêmico dedicou a Langland ou a Spenser. Mas eu deveria esperar que isso fosse compensado por outras vantagens que ele tem e faltam ao estudioso. Afinal, ele vive em época semelhante à minha, sujeito às mesmas correntes de gosto e opinião, e teve o mesmo tipo de educação. Ele dificilmente pode deixar de saber — os resenhistas são bons nesse tipo de coisa e se interessam por isso — muito sobre minha geração, minha época e os ambientes em que provavelmente eu transito. Ele e eu podemos ter conhecimentos comuns. Certamente ele está pelo menos bem posicionado para supor coisas sobre mim, como qualquer estudioso deve supor sobre alguém já falecido. No entanto, ele raramente supõe corretamente. Por isso, não posso resistir à convicção de que suposições semelhantes sobre os já falecidos parecem plausíveis apenas porque os mortos não estão aqui para refutá-las; aquela conversa de cinco minutos com o verdadeiro Spenser ou com o verdadeiro Langland poderia explodir toda a laboriosa construção em pedacinhos.

Sobre a crítica

E note que, em todas essas conjecturas, o erro do resenhista tem sido bastante gratuito. Ele negligenciou o que é pago para fazer, e talvez pudesse fazer, para produzir algo diferente. Seu negócio era dar informações sobre o livro e julgá-lo. Essas suposições sobre sua história estão bem além do alvo. E, neste ponto, eu me sinto bastante seguro de que escrevo sem preconceito. As histórias imaginárias escritas sobre meus livros não são, de modo algum, sempre ofensivas. Às vezes, são até mesmo elogiosas. Não há nada contra elas, exceto que não são verdadeiras e seriam bastante irrelevantes se fossem. *Mutato nomine de me*.[11] Devo aprender a não fazer o mesmo com os mortos, e, se eu arriscar uma conjectura, deve ser com pleno conhecimento e com um claro aviso para meus leitores de que se trata de uma hipótese remota, muito mais provavelmente errada do que certa.

(2) Outro tipo de crítico que especula sobre a gênese de um livro é o psicólogo amador. Ele tem uma teoria freudiana da literatura e afirma conhecer tudo sobre as inibições do autor. Tal crítico sabe que desejos não reconhecidos estariam sendo satisfeitas pelo autor. E é claro que aqui não se pode, no mesmo sentido de antes, começar sabendo todos os fatos. Por definição, você está inconsciente das coisas que ele professa descobrir. Portanto, quanto mais você as rejeita, mais certo ele deve estar, embora, estranhamente,

---

[11] Referência ao trecho de Horácio (65 a.C.), popular poeta romano: *Quid rides? Mutato nomine de te/Fabula narratur* (De que estás rindo? É a ti que se refere a história, apenas com o nome trocado). [N. T.]

se você as admitisse, isso provaria que ele também estava certo. E há uma dificuldade adicional: é alguém que não está muito livre de preconceitos, pois esse procedimento é quase totalmente confinado a resenhistas hostis. E agora que penso no assunto, raramente vejo isso sendo praticado por um autor já falecido, exceto por um estudioso que pretendia, em alguma medida, desmascará-lo. Isso, em si mesmo, talvez seja significativo. E não seria irracional indicar que as evidências em que esses psicólogos amadores baseiam seu diagnóstico não seriam consideradas suficientes por um profissional. Eles não tiveram seu autor no divã, nem lhe ouviram contar os sonhos, nem sabiam de toda a história. Mas estou aqui preocupado somente com o que o autor pode dizer sobre tais resenhas apenas porque ele é o autor. E certamente, por mais ignorante que seja acerca do próprio inconsciente, ele sabe mais do que os outros sobre o conteúdo de sua mente consciente. E ele vai descobrir que os outros ignoram de modo completo o motivo (segundo ele) consciente perfeitamente óbvio para algumas coisas. Se eles mencionaram isso e, em seguida, descontaram-no como "racionalização" do autor (ou do paciente), eles podem estar certos. Mas é claro que eles nunca pensaram nisso. Eles nunca viram porque, da própria estrutura da história, da própria natureza da narração de histórias em geral, esse episódio ou imagem (ou algo parecido) teve de entrar nesse ponto. De fato, é bastante claro que há um impulso na mente do autor, que eles, com toda a psicologia, nunca reconheceram: o impulso plástico, o impulso de criar, de moldar, de dar unidade, alívio, contraste, padrão. Mas isso, infelizmente, é o impulso principal que fez com que o livro fosse escrito. Eles, por certo, não tiveram o impulso e suspeitam que outros também não. Eles parecem imaginar que um livro brota de alguém como um suspiro, ou uma lágrima, ou escrita automática. Pode ser que haja muito em cada livro que venha do inconsciente. Mas, quando é seu próprio livro, você conhece os motivos conscientes também. Você pode estar errado em pensar que esses geralmente dão a explicação completa sobre isto ou aquilo. Mas você dificilmente acreditará em relatos sobre o fundo do mar dados por aqueles que são cegos para os objetos mais óbvios da superfície. Eles poderiam estar certos apenas por acidente. E eu, se tentar qualquer diagnóstico semelhante sobre os autores mortos, estarei igualmente certo, se for o caso, apenas por acidente.

A verdade é que muito do que surge do inconsciente e que, por essa mesma razão, parece tão atraente e importante nos primeiros estágios do planejamento de um livro, é eliminada e descartada muito antes do trabalho ser concluído, como fazem as pessoas (se não forem enfadonhas) que nos contam apenas aqueles seus sonhos que são divertidos ou, de alguma outra forma, interessantes pelos padrões da mente desperta.

(3) Chego agora à história imaginária da composição do livro de forma muito mais sutil. Aqui penso que os críticos, e por certo nós mesmos quando criticamos, costumam estar enganados ou confusos quanto ao que estão realmente fazendo. O engano pode se emboscar nas próprias palavras. Você e eu podemos condenar uma passagem

em um livro por ser "forçada". Queremos dizer com isso que ela soa forçada? Ou estamos promovendo a teoria de que ela de fato foi forçada? Ou por vezes não temos certeza do que queremos dizer? Se nosso desejo é dizer a segunda coisa, note que estamos deixando de escrever crítica. Em vez de apontar as falhas na passagem, estamos inventando uma história para explicar, causalmente, como ela veio a ter essas falhas. E, se não tivermos cuidado, podemos completar nossa história e avançar como se tivéssemos feito tudo o que fosse necessário, sem perceber que nunca especificamos as falhas. Nós explicamos algo por meio das causas sem dizer o que é esse algo. Podemos fazer o mesmo quando pensamos que estamos elogiando. Podemos dizer que uma passagem é natural ou espontânea. Queremos dizer que ela soa como se tivesse sido, ou que na verdade foi, escrita sem esforço e *currente calamo?*[12] E, seja o que for que queiramos dizer com isso, não seria mais interessante e não estaria mais dentro do campo de atuação dos críticos apontar, em vez disso, aqueles méritos na passagem que nos fizeram querer elogiá-la?

O problema é que certos termos críticos — "inspirado", "perfunctório", "esmerado", "convencional" — implicam uma suposta história de composição. O vício de crítica de que estou falando consiste em render-se à tentação que eles ensejam e, então, em lugar de nos dizer o que é bom e ruim em um livro, inventar histórias sobre o processo que levou

---

[12]Em latim, "ao correr da pena". Escrever com rapidez, despreocupadamente, sem se preocupar com o estilo. [N. T.]

Sobre a crítica

ao ser bom e ao ser ruim. Ou são enganados pelo duplo sentido do termo *por quê*? É claro que a pergunta "por que isso é ruim?" pode significar duas coisas: (a) O que você quer dizer ao chamar isso de ruim? Em que consiste o fato de ser ruim? Dê-me a Causa Formal. (b) Como isso se tornou ruim? Por que ele escreveu tão mal? Dê-me a Causa Eficiente. A primeira parece-me a questão essencialmente crítica. Os críticos em que estou pensando respondem à segunda, e em geral respondem errado, e infelizmente consideram isso como substituto à resposta à primeira.

Assim, um crítico dirá de uma passagem: "Ela é algo não planejado". É tão provável que ele esteja errado quanto que esteja certo. Ele pode estar certo em pensar que ela é ruim. E deve presumivelmente pensar que tenha discernido aí o tipo de expressão ruim que se poderia esperar que ocorresse em uma ideia não planejada. Certamente, uma exposição dessa expressão ruim em si seria muito melhor do que uma hipótese sobre sua origem? Com certeza, essa é a única coisa que tornaria a crítica útil para o autor. Eu, como autor, posso saber que a passagem diagnosticada como não planejada era, na realidade, a semente da qual todo o livro crescia. Eu gostaria muito de saber que inconsistência, irrelevância ou insipidez faz com que ela pareça algo não pensado. Isso poderia me ajudar a evitar erros assim da próxima vez. Apenas saber o que o crítico imagina, e imagina erroneamente, sobre a história da passagem é inútil. Também não é muito útil para os leitores. Eles têm todo o direito de ser informados das falhas de meu livro. Mas essa falha, distinta de uma hipótese (declarada, de maneira

Sobre histórias

ousada, como fato) sobre sua origem, é exatamente o que eles não aprendem.

Aqui está um exemplo que é especialmente importante, pois tenho certeza de que o julgamento que o crítico estava realmente fazendo era correto. Em um livro de meus ensaios, o crítico disse que um ensaio foi escrito sem convicção, era mera tarefa, ou que meu coração não estava nele, ou algo assim. Mas isso estava extremamente errado. De todas as partes do livro, foi com aquela que mais me importei e a que escrevi com mais ardor.[13] O aspecto em que o crítico estava certo foi em pensar que aquele ensaio era o pior. Todos concordam com ele sobre isso. Eu concordo com ele. Mas você vê que nem o público nem eu aprendemos, de sua crítica, nada sobre o que estava ruim. Ele é como um médico que não faz nenhum diagnóstico e não prescreve cura alguma, mas diz como o paciente contraiu a doença (ainda não especificada) e lhe diz coisas incorretas, pois está descrevendo cenas e acontecimentos para os quais não possui evidências. Os pais amorosos perguntam: "O que é isso? É escarlatina, sarampo ou catapora?" O médico responde: "Depende disto: ele pegou um desses trens lotados?" (O paciente na verdade não viajou de trem ultimamente). Eles, então, perguntam: "Mas o que vamos fazer? Como vamos tratá-lo?" O médico responde: "Você pode ter certeza de que era uma infecção". Então, ele entra no carro e vai embora.

---

[13] Lewis, tenho certeza, está falando sobre o ensaio a respeito de William Morris em *Selected Literary Essays* [Ensaios literários selecionados] (1969).

Observe aqui novamente a total desconsideração da escrita como uma habilidade, a suposição de que o estado psicológico do escritor sempre flui sem impedimentos e indisfarçado em sua obra. Como eles podem não saber que na escrita, ou na carpintaria, ou no jogo de tênis, ou na oração, ou no ato de fazer amor, na culinária, na administração ou em qualquer outra atividade há habilidade e também há aumentos e diminuições de habilidade que um homem descreve dizendo que está em boa ou em má forma, que sua mão está "estendida" ou "encolhida", que esse é um de seus dias bons ou dias ruins?

Essa é a lição, mas sua aplicação mostra-se muito difícil. É preciso muita perseverança para forçar a si mesmo, em sua própria crítica, a prestar atenção sempre ao produto diante de si em vez de escrever ficção sobre o estado de espírito ou sobre os métodos de trabalho do autor, aos quais, obviamente, não há acesso direto. "Sincero", por exemplo, é uma palavra que devemos evitar. A verdadeira questão é o que faz uma coisa *soar* sincera ou não. Qualquer um que tenha censurado cartas no exército deve saber que pessoas semiletradas, embora não sejam na realidade menos sinceras do que outras, raramente *soam* sinceras quando usam a palavra escrita. Na verdade, todos sabemos, por experiência própria, ao escrever cartas de condolências, que as ocasiões em que sentimos mais pesar não são necessariamente aquelas em que nossas cartas sugiram isso. Em outro dia, quando sentimos muito menos, nossa carta pode ser mais convincente. E, claro, o perigo de erro é maior na medida em que nossa própria experiência com

Sobre histórias

a forma que estamos criticando é menor. Quando estamos criticando um tipo de trabalho a que nós mesmos nunca demos atenção, devemos perceber que não sabemos como tais coisas são escritas, e o que é difícil ou fácil de fazer nelas, e como falhas particulares podem ocorrer. Muitos críticos claramente têm uma ideia de como eles pensam que prosseguiriam se tentassem escrever o tipo de livro que você escreveu, e pressupõem que você estava fazendo aquilo. Eles geralmente revelam de modo inconsciente por que nunca escreveram um livro desse tipo.

Não quero dizer que nunca devamos criticar uma obra cujo gênero nunca produzimos. Pelo contrário, não devemos fazer nada além de criticá-la. Podemos analisar e pesar suas virtudes e seus defeitos. O que não devemos fazer é escrever histórias imaginárias. Eu sei que todas as cervejas em compartimentos ferroviários refrigerados são ruins e eu poderia, até certo ponto, dizer o "porquê" (em um sentido da palavra; isto é, eu poderia dar a Causa Formal): são tépidas, azedas, turvas e fracas. Mas para dizer o "porquê" no outro sentido (a Causa Eficiente), eu precisaria ser um cervejeiro ou um taverneiro, ou ambos, e saber como a cerveja deveria ser fabricada, armazenada e manuseada.

Eu ficaria feliz em não ser mais austero do que o necessário. Devo admitir que palavras que parecem, em seu sentido literal, implicar uma história da composição podem, às vezes, ser usadas como meros indicadores elípticos para o caráter do trabalho realizado. Quando um homem diz que algo é "forçado" ou "sem esforço", ele pode não estar realmente afirmando saber como foi escrito, mas apenas indicando, em um tipo de simplificação, uma qualidade que ele supõe que todos reconhecerão. E talvez banir toda a expressão desse tipo de nossas críticas fosse um conselho de perfeição. Mas estou cada vez mais convencido de seu perigo. Se usá-las, devemos fazê-lo com extrema cautela. Devemos deixar bem claro para nós mesmos e para nossos leitores que não sabemos e não estamos fingindo saber como as coisas foram escritas. Nem seria relevante se o fizéssemos. O que soa forçado não seria melhor se tivesse sido eliminado sem dores; o que soa inspirado não é pior se foi arduamente elaborado *invita Minerva*.[14]

Eu agora me volto para a interpretação. Aqui, é evidente, todos os críticos, e nós entre eles, cometerão erros. Esses erros são muito mais veniais do que os que descrevi, pois não são gratuitos. Um tipo deles surge quando o crítico escreve ficção em vez de crítica; o outro, no cumprimento de uma função adequada. De qualquer forma, assumo que os críticos devem interpretar, devem tentar descobrir o significado ou a intenção de um livro. Quando eles falham, o erro pode estar com eles, ou com o autor, ou com ambos.

Eu usei de modo vago "significado" e "intenção". Temos de dar a cada palavra um sentido bastante definido. É o autor quem tem a *intenção*; e o livro, o *significado*. A intenção do autor é aquela que, se for percebida, será, a seus

---

[14]Em latim, "contra a vontade de Minerva". Expressão de Horácio para referir-se a autores sem talento ou inspiração que insistem em escrever. [N. T.]

olhos, um sucesso. Se todos ou a maioria dos leitores, ou os leitores que ele prefere, riem de uma passagem, e ele está satisfeito com esse resultado, então, sua intenção era cômica, ou ele pretendia ser cômico. Se ele está desapontado e humilhado com isso, então, ele pretendia ser grave, ou sua intenção era séria. "Significado" é um termo muito mais difícil. É mais simples quando usado em um trabalho alegórico. Em *O romance da rosa*,[15] arrancar o botão de rosa significa apreciar a heroína. Ainda é bastante fácil quando usado em uma obra com uma "lição" consciente e definida. *Tempos difíceis*[16] significa, entre outras coisas, que a educação estatal elementar é uma bobagem; *Macbeth*, que seu pecado vai encontrá-lo; *Waverley*,[17] que a solidão e o abandono à imaginação na juventude tornam o homem uma presa fácil para aqueles que desejam explorá-lo; a *Eneida*, que a *res Romana*[18] exige, com razão, o sacrifício da felicidade privada. Mas já estamos em águas profundas, pois, sem dúvida, cada um desses livros significa muito mais. E sobre o que estamos falando ao falar, como fazemos, do "significado" de *Noite de Reis*, *Morro dos ventos uivantes* ou

---

[15] Poema francês medieval escrito como um sonho alegórico sobre o amor. É dividido em duas partes, muito diferentes entre si, a primeira das quais foi escrita por Guilherme de Lorris (c. 1200—c. 1238) e a segunda, por Jean de Meun (c.1240—c.1305). [N.T.]
[16] Obra em que Charles Dickens (1812—1870) fala da sociedade inglesa durante a Revolução Industrial. [N.T.]
[17] Romance histórico escrito em 1814 por Sir Walter Scott (1771—1832), que o publicou anonimamente. [N.T.]
[18] República romana, período dessa antiga civilização em que o governo atuou como república. [N.T.]

Sobre a crítica

Os irmãos Karamazov? E especialmente quando discordamos e discutimos, como temos feito, sobre seu significado real ou verdadeiro? O mais próximo que cheguei de uma definição é algo assim: o significado de um livro é a série ou o sistema de emoções, reflexões e atitudes produzidas por sua leitura. Mas é claro que esse resultado difere entre leitores distintos. O "significado" idealmente falso ou errado seria o produzido na mente do leitor mais estúpido e menos sensível e mais preconceituoso depois de uma única leitura descuidada. O "significado" idealmente verdadeiro ou certo seria aquele compartilhado (em alguma medida) pelo maior número dos melhores leitores após repetidas e cuidadosas leituras ao longo de várias gerações, diferentes épocas, nacionalidades, estados de espírito, graus de alerta, prolepses particulares, estados de saúde, inclinações e afins, cancelando um ao outro quando (essa é uma reserva importante) eles não puderem ser fundidos de modo a enriquecer um ao outro. (Isso acontece quando as leituras que são feitas de uma obra em épocas bastante diferentes da vida, influenciadas pelas leituras que nos chegam indiretamente por meio das obras da crítica, modificam nossa leitura atual de modo a melhorá-la.) Quanto às muitas gerações, devemos adicionar um limite. Essas servem para enriquecer a percepção do significado apenas enquanto a tradição cultural não estiver perdida. Pode ocorrer um intervalo ou uma mudança após a qual surjam leitores cujo ponto de vista é tão estranho que poderiam estar interpretando uma nova obra. As leituras medievais da *Eneida* como alegoria e Ovídio como moralista, ou leituras modernas do *Parlement of Foules* [Parlamento das multidões][19] que fazem do pato e do ganso seus heróis seriam exemplos. Adiar, mesmo que não possamos banir permanentemente, tais interpretações é uma grande parte da função da crítica erudita, distinta da crítica pura; assim, os médicos trabalham a fim de prolongar a vida, embora saibam que não podem tornar os homens imortais.

Do significado de um livro, nesse sentido, seu autor não é necessariamente o melhor juiz, e nunca é um juiz perfeito. Uma de suas intenções geralmente é que o livro deveria ter certo significado — ele não pode ter certeza de que tenha. Ele não pode sequer ter certeza de que o significado que ele pretendia ter era — em todos os sentidos, ou mesmo em tudo — melhor do que o significado que os leitores encontram nele. Aqui, portanto, o crítico tem grande liberdade para explorar sem medo de contradizer o conhecimento superior do autor.

O aspecto em que ele me parece mais frequentemente errar é na precipitada suposição de um sentido alegórico; e, como os resenhistas cometem esse erro sobre as obras contemporâneas, então, em minha opinião, os estudiosos agora costumam cometê-lo a respeito das antigas. Eu recomendaria a ambos, e tentaria observar em minha própria prática da crítica, esses princípios. Então, (1) nenhuma história pode ser imaginada pela inteligência do homem que

---

[19]Também conhecido como "Parlamento dos pássaros", poema de Geoffrey Chaucer (c. 1343—1400) que descreve um sonho em que o narrador é levado às esferas celestiais. [N. T.]

não possa ser interpretada alegoricamente pela inteligência de outro homem. As interpretações estoicas da mitologia primitiva, as interpretações cristãs do Antigo Testamento, as interpretações medievais dos clássicos provam isso. Portanto, (2) o mero fato de que você *possa* alegorizar a obra que está diante de você não é, por si só, prova de que seja ela uma alegoria. Claro que você pode alegorizá-la. Você pode alegorizar qualquer coisa, quer na arte, quer na vida real. Acho que devemos aqui tomar uma sugestão dos advogados. Um homem não é julgado nas sessões periódicas de um tribunal superior dos condados da Inglaterra enquanto não for demonstrado que é um caso *prima facie* contra ele. Não devemos alegorizar qualquer obra até que tenhamos expostas claramente as razões para considerá-la como uma alegoria.

[Lewis, aparentemente, não terminou esse ensaio, pois, ao final do manuscrito existente, estão as palavras:]

Quanto a outras atribuições de intenção
Suas próprias ocupações
Quellenforschung.[20] *Achtung*[21] — datas

---

[20]Palavra alemã que se refere ao estudo das fontes de, ou das influências sobre, uma obra literária. [N. T.]
[21]Atenção, em alemão. [N. T.]

CAPÍTULO 20

Propriedades irreais

Esta conversa informal entre o professor Lewis, Kingsley Amis e Brian Aldiss foi gravada em fita nas salas do professor Lewis no Magdalene College pouco antes de a doença obrigá-lo a se aposentar. Quando as bebidas foram servidas, a conversa começou.

ALDISS: Uma coisa que nós três temos em comum é que possuímos histórias publicadas na *The Magazine of Fantasy and Science Fiction*, algumas delas histórias bem extensas. Entendo que todos concordamos que uma das atrações da ficção científica é que ela nos leva a lugares desconhecidos.

AMIS: Se Swift estivesse escrevendo hoje, teria de nos levar para os planetas, não é? Agora que a maior parte da nossa *terra incognita* é de bens imóveis.

ALDISS: Há muito, no século XVIII, do equivalente à ficção científica que é situado na Austrália ou em propriedades irreais semelhantes.

Propriedades irreais

Lewis: Exatamente: *Peter Wilkins* e tudo mais. A propósito, alguém vai traduzir *Somnium*,[1] de Kepler?

Amis: Groff Conklin[2] me disse que leu o livro; eu acho que deve estar em tradução. Mas podemos falar sobre os mundos que você criou? Você escolheu a ficção científica porque queria ir para lugares estranhos? Lembro-me com respeitosa e divertida admiração de seu relato da unidade espacial em *Além do planeta silencioso*. Quando Ransom e seu amigo entram na nave espacial, ele diz: "Como esta nave funciona?", e o homem responde: "A nave funciona pela exploração das propriedades menos observadas da"... O que era?

Lewis: Radiação solar. Weston estava relatando palavras sem significado para Ransom, que é o que um leigo recebe quando pede uma explicação científica. Obviamente, era vago porque não sou cientista e não estou interessado no lado puramente técnico disso.

Aldiss: Faz quase um quarto de século desde que você escreveu o primeiro romance da trilogia.

Lewis: Eu fui um profeta?

Aldiss: Foi até certo ponto; pelo menos, a ideia de naves impulsionadas por radiação solar voltou a ser privilegiada. Cordwainer Smith[3] usou-a poeticamente, James

---

[1]Livro escrito pelo astrônomo e matemático alemão Johannes Kepler (1571—1630), publicado apenas quatro anos depois de sua morte. É considerado uma das bases do gênero de ficção científica. Seu nome significa "sonho", em latim. [N. T.]
[2]Edward Groff Conklin (1904—1968), antologista e crítico de ficção científica americano, editou quarenta antologias. [N. T.]
[3]Pseudônimo do escritor e erudito americano Paul Myron Anthony Linebarger (1913—1966) para suas obras de ficção científica. [N. T.]

Blish[4] tentou usá-la tecnicamente em *The Star Dwellers* [Os habitantes das estrelas].

LEWIS: No meu caso, era pura enrolação e talvez visasse principalmente convencer a mim.

AMIS: Obviamente, quando se lida com planetas isolados ou ilhas isoladas, isso é feito para determinado propósito. Um cenário na Londres contemporânea ou em uma Londres do futuro poderia não fornecer o mesmo isolamento e o aumento da consciência que esse propósito gera.

LEWIS: O ponto de partida do segundo romance, *Perelandra*, era minha imagem mental das ilhas flutuantes. Todo o restante de meu trabalho consistia, de certo modo, em construir um mundo no qual ilhas flutuantes pudessem existir. E, então, é claro, a história sobre uma queda evitada se desenvolveu. Isso porque, como vocês sabem, tendo levado seu povo para esse país empolgante, algo deve acontecer.

AMIS: Isso frequentemente sobrecarrega muito as pessoas.

ALDISS: Mas eu estou surpreso que você coloque dessa forma. Eu pensava que você construiu *Perelandra* para o propósito didático.

LEWIS: Sim, todo mundo pensa isso. Estão completamente errados.

AMIS: Se posso dizer uma palavra por parte do professor Lewis, havia um propósito didático, é claro; uma

---

[4]James Benjamin Blish (1921—1975), autor americano de fantasia e ficção científica. Escrevia crítica de ficção científica sob o pseudônimo de William Atheling Jr. [N. T.]

grande quantidade de coisas profundas muito interessantes foi dita, mas — corrija-me se eu estiver errado — eu teria pensado que um simples sentimento de admiração, pois coisas extraordinárias estavam acontecendo, era a força motriz por trás da criação.

Lewis: Bastante, mas algo tinha de acontecer. A história dessa queda evitada veio de maneira muito conveniente. É claro que não teria sido essa história em particular se eu não estivesse interessado nessas ideias particulares por outros motivos. Mas não foi a partir disso que comecei. Eu nunca comecei de uma mensagem ou uma moral. Você o fez?

Amis: Não, nunca. Você se interessa pela situação.

Lewis: A história em si deve impor sua moral sobre o autor. Você descobre qual é a moral escrevendo a história.

Amis: Exatamente! Eu acho que esse tipo de coisa é verdade em todos os tipos de ficção.

Aldiss: Mas muita ficção científica foi escrita do outro ponto de vista: aqueles dramas sociológicos sombrios que aparecem de tempos em tempos, eles começaram com um propósito didático — defender um ponto de vista preconcebido — e não foram adiante.

Lewis: Suponho que *Gulliver* tenha começado a partir de um ponto de vista direto. Ou realmente começou porque o autor queria escrever sobre muitos homens grandes e pequenos?

Amis: Possivelmente ambos, assim como a paródia que Fielding fez de Richardson se transformou em *Joseph*

Andrews.[5] Muita ficção científica perde bastante o impacto que poderia ter por dizer: "Bem, aqui estamos em Marte, todos sabemos onde estamos, e vivemos nessas cúpulas de pressão ou o que quer que seja, e a vida é realmente muito parecida com a da Terra, exceto por uma diferença climática..." Os autores aceitam as invenções de outros homens em vez de forjar as próprias.

LEWIS: É apenas a primeira jornada para um novo planeta que é de algum interesse para pessoas imaginativas.

AMIS: Em sua leitura de ficção científica, você já deparou com um escritor que tenha feito isso corretamente?

LEWIS: Bem, aquele que você provavelmente desaprova por ser muito pouco científico é David Lindsay, em *Voyage to Arcturus*. É uma coisa notável, pois, cientificamente, é um absurdo, o estilo é terrível e, não obstante, essa assustadora visão vem até você.

ALDISS: Não chegou até mim.

AMIS: Nem a mim. Ainda... Victor Gollancz[6] contou-me de uma observação muito interessante de

---

[5] Ou *The History of the Adventures of Joseph Andrews and of his Friend Mr. Abraham Adams* [A história das aventuras de Joseph Andrews e de seu amigo, o sr. Abraham Adams], a primeira novela de grande extensão de Henry Fielding (1707—1754), autor e dramaturgo inglês, definida por ele como um "poema cômico épico em prosa". Amis se refere a Samuel Richardson (1689—1761), escritor e pintor inglês que escreveu *Pamela*, romance epistolar, que Fielding parodiou em *Shamela*, da qual *Joseph Andrews* (nome do suposto irmão de Pamela) é continuação. [N. T.]
[6] Victor Gollancz (1893—1967), escritor e filantropo inglês, promoveu obras de não ficção de caráter pacifista e socialista. [N. T.]

Propriedades irreais

Lindsay sobre *Arcturus*; ele disse: "Eu nunca vou atrair um grande público, mas acho que, enquanto nossa civilização durar, uma pessoa por ano vai me ler". Eu respeito essa atitude.

LEWIS: Muito. Modesto e adequado. Eu também concordo com algo que você disse em um prefácio, assim creio, que algumas ficções científicas realmente lidam com questões muito mais sérias do que aquelas da ficção realista: problemas reais sobre o destino humano e assim por diante. Você se lembra daquela história sobre o homem que encontra um monstro fêmea vindo de outro planeta com todos os seus filhotes pendurados em volta de si? Ela está obviamente morrendo de fome, e ele lhes oferece coisa após coisa para comer; eles imediatamente vomitam tudo, até que um dos mais jovens o segura, começa a sugar seu sangue e imediatamente passa a reviver. Essa criatura feminina é totalmente não humana, horrível na forma; há um longo momento em que ela olha para o homem — eles estão em um lugar solitário — e então, muito tristemente, embala seus filhotes e volta para a nave espacial e vai embora. Bem, você não poderia ter um tema mais sério do que esse. O que é uma história sobre um casal de amantes humanos comparada a isso?

AMIS: No aspecto negativo, muitas vezes esses grandes temas maravilhosos são tratados por pessoas que não têm o equipamento mental, ou moral, ou estilístico para usá-los. A leitura da ficção científica mais recente mostra que os escritores estão se tornando mais capazes de lidar com eles.

Você já leu *Um cântico para Leibowitz*,[7] de Walter Miller? Você tem algum comentário sobre ele?

Lewis: Eu o achei muito bom. Eu só o li uma vez; lembre: para mim, um livro não é bom enquanto eu não o ler duas ou três vezes — vou lê-lo de novo. Foi uma obra importante, certamente.

Amis: O que você achou de seu tom religioso?

Lewis: Ficou muito bom. Há partes da escrita com as quais problemas podem surgir, mas no geral foi bem imaginado e bem executado.

Amis: Você viu o romance de James Blish, *Um caso de consciência*? Você concorda que para escrever um romance religioso que não se preocupe com detalhes da prática eclesiástica e as minúcias entorpecidas da história, e assim por diante, a ficção científica seria a saída natural?

Lewis: Se você tem uma religião, ela deve ser cósmica; portanto, parece-me estranho que esse gênero tenha demorado tanto para chegar.

Aldiss: Está por aí sem atrair atenção crítica há um longo tempo; as próprias revistas estão circulando desde 1926, embora no início elas apelassem principalmente para o lado técnico. Como Amis disse, as pessoas acompanham quem pode escrever, mas também quem inventa ideias de engenharia.

Lewis: Devíamos ter dito antes que essa é uma espécie de ficção científica bem diferente, sobre a qual não

---

[7]Romance pós-apocalíptico do escritor americano Walter M. Miller Jr. (1923—1996). A história transcorre num mosteiro católico depois de uma guerra nuclear. [N. T.]

Propriedades irreais

falo absolutamente nada: é daquelas pessoas que estejam realmente interessados no lado técnico disso. É óbvio que ela é perfeitamente legítima se for bem feita.

AMIS: Puramente técnica e com sobreposição puramente imaginativa, não é?

ALDISS: Há certamente os dois fluxos, e eles frequentemente se sobrepõem, por exemplo, nos escritos de Arthur C. Clarke. Pode ser uma mistura magnífica. Depois, há o tipo de história que não é teológica, mas depende de um argumento moral. Um exemplo é a história de Sheckley[8] sobre a Terra sendo atingida pela radioatividade. Os sobreviventes da humanidade foram para outro planeta, onde ficaram por cerca de mil anos; eles voltam para recuperar a Terra e a encontram cheia de todo tipo de criaturas cobertas de armaduras espalhafatosas, vegetação, etc. Um dos membros do grupo diz: "Vamos limpar este lote, torná-lo habitável para o homem novamente". No final a decisão é: "Bem, nós fizemos uma bagunça do lugar quando era nosso. Vamos sair e deixar isto para elas". Essa história foi escrita por volta de 1949, quando a maioria das pessoas não tinha nem começado a pensar sobre o assunto.

LEWIS: Sim, a maioria das histórias anteriores parte do pressuposto oposto de que nós, a humanidade, estamos certos, e de que tudo o mais são ogros. Eu posso ter

---

[8] Robert Sheckley (1928—2005), prolífico e premiado autor americano de ficção científica, cujas histórias caracterizam-se por serem imprevisíveis, absurdas e muito cômicas. [N. T.]

feito alguma coisa para alterar isso, mas o novo ponto de vista se destaca bastante. Perdemos nossa convicção, por assim dizer.

Amis: É tudo terrivelmente autocrítico e autocontemplativo hoje em dia.

Lewis: Este é certamente um ganho enorme — um ganho humano, que as pessoas deveriam estar pensando dessa maneira.

Amis: O preconceito de pessoas supostamente cultas em relação a esse tipo de ficção é fantástico. Se você pegar uma revista de ficção científica, particularmente a *Fantasy and Science Fiction*, a gama de interesses que ela atrai e os QIs aplicados são incríveis. Está na hora de ficar mais popular. Temos falado sobre isso há algum tempo.

Lewis: Sem dúvida. O mundo da ficção séria é muito estreito.

Amis: Muito estreito se você quiser lidar com um tema amplo. Por exemplo, Philip Wylie,[9] em *The Disappearance* [O desaparecimento], quer lidar com a diferença entre homens e mulheres de uma maneira geral, na sociedade do século XX, livre de considerações locais e temporárias; o que ele quer enfatizar, como eu entendo, é que homens e mulheres, destituídos de seus papéis sociais, são, na verdade, muito parecidos. A ficção científica, que pode pressupor uma grande mudança em nosso ambiente, é o meio natural para discutir um assunto desse tipo. Olhe para o

---

[9]Philip Gordon Wylie (1902—1971), autor americano de ficção científica, histórias de mistério e de sátira.

Propriedades irreais

trabalho de dissecação da maldade humana realizado em *Senhor das moscas*, de Golding.[10]
LEWIS: Esse não pode ser ficção científica.
AMIS: Eu discordaria disso. Começa com um momento característico de situações de ficção científica: a Terceira Guerra Mundial começou, as bombas caíram e tudo o mais...
LEWIS: Ah, bem, agora você está tomando a visão alemã de que qualquer romance sobre o futuro é ficção científica. Não tenho certeza de que essa é uma classificação útil.
AMIS: "Ficção científica" é um rótulo tão desesperadamente vago.
LEWIS: E, sem dúvida, grande parte disso não é ficção *científica*. De fato, isso é apenas um critério negativo: é qualquer coisa que não seja naturalista, que não seja sobre o que chamamos de mundo real.
ALDISS: Acho que não devemos tentar defini-la, pois, de certa forma, ela se define a si mesma. Nós sabemos onde estamos. Você está certo, no entanto, sobre *Senhor das moscas*. A atmosfera é uma atmosfera de ficção científica.
LEWIS: Era uma ilha muito terrestre; a melhor ilha, quase, na ficção. Seu efeito sensual real em você é fantástico.
ALDISS: De fato. Mas é um caso de laboratório...

---

[10] Nesse livro de 1954, William Golding (1911—1993) registra a regressão à selvageria de crianças inglesas presas em uma ilha deserta sem a supervisão de adultos, após o avião que as levava para longe da guerra ali cair. [N. T.]

245

Sobre histórias

AMIS: ...isolando certas características humanas, para ver como elas funcionariam...

LEWIS: O único problema é que Golding escreve muito bem. Em um de seus outros romances, *Os herdeiros*, o detalhe de cada impressão sensual, a luz nas folhas e assim por diante, era tão bom que você não conseguia perceber o que estava acontecendo. Eu diria que foi quase bem feito. Todos esses detalhes você só notará na vida real se estiver com febre. Você não podia ver a floresta por meio das folhas.

ALDISS: Isso também ocorre em *Pincher Martin*;[11] cada sensação nas rochas, quando ele é levado à praia, é descrita com uma vivacidade alucinante.

AMIS: É isso, é exatamente essa a frase. Trinta anos atrás, se quisesse discutir um tema geral, você iria ao romance histórico; agora você iria para o que eu poderia descrever de maneira preconceituosa como ficção científica. Na ficção científica, você pode isolar os fatores que deseja examinar. Se quisesse lidar com o tema do colonialismo, por exemplo, como Poul Anderson[12] fez, você não faria isso escrevendo um romance sobre Gana ou Paquistão...

LEWIS: ...que envolve você em uma quantidade tão grande de detalhes nos quais você não quer entrar...

---

[11]Terceiro romance de Golding, sobre o náufrago que dá nome ao livro, único sobrevivente de um navio de guerra americano. [N. T.]
[12]Poul William Anderson (1926—2001), prolífico escritor americano da Era Dourada da ficção científica e de literatura fantástica e histórica. [N. T.]

Amis: Você monta mundos no espaço que incorporam as características de que precisa.

Lewis: Você descreveria *Planolândia*, de Abbott, como ficção científica? Há tão pouco esforço para trazê-lo a algo sensorial — bem, não se poderia fazer isso, e continua sendo um teorema intelectual. Você está procurando por um cinzeiro? Use o tapete.

Amis: Na verdade, eu estava procurando pelo uísque.

Lewis: Oh, sim, peço desculpas... Mas provavelmente o grande trabalho em ficção científica ainda está por vir. Livros fúteis sobre o mundo vindouro vieram antes de Dante; Fanny Burney veio antes de Jane Austen; Marlowe veio antes de Shakespeare.

Amis: Estamos recebendo os prolegômenos.

Lewis: Se tão somente os críticos intelectuais modernos pudessem ser induzidos a levar isso a sério...

Amis: Você acha que eles poderão fazê-lo?

Lewis: Não. Toda a dinastia atual tem de morrer e apodrecer antes que qualquer coisa possa ser feita.

Aldiss: Esplêndido!

Amis: Em sua opinião, o que os está segurando?

Lewis: Matthew Arnold fez a horrível profecia de que a literatura substituiria cada vez mais a religião. Isso ocorre, e assume todas as características de amarga perseguição, grande intolerância e tráfico de relíquias. Toda a literatura se torna um texto sagrado. Um texto sagrado está sempre exposto à exegese mais monstruosa. Por isso, temos o espetáculo de um erudito desprezível tomar um puro *entremez* escrito no século XVII e tirar dele as mais profundas

Sobre histórias

ambiguidades e críticas sociais que, é claro, não estão lá...
É a descoberta da fraude pela busca da pista falsa. [*Risos*.]
Isso vai durar muito depois de minha vida; você poderá ver o final disso, eu não sei.

AMIS: Você acha que essa é uma parte tão integral do *establishment* que as pessoas não conseguem superá-la...

LEWIS: É uma indústria, você sabe. O que aconteceria a todo o povo que está escrevendo teses de Ph.D. em Oxford sobre isso se esse apoio fosse removido?

AMIS: Um exemplo dessa mentalidade aconteceu outro dia, alguém disse: "Eu suspeito de um entusiasmo bastante afetado do Sr. Amis por ficção científica...".

LEWIS: Isso não é enlouquecedor?

AMIS: Você não pode gostar realmente disso.

LEWIS: Você deve estar fingindo ser um homem comum ou algo assim... Eu encontrei essa atitude repetidas vezes. Você provavelmente chegou ao estágio também de ter teses escritas por você mesmo. Recebi uma carta de um examinador americano perguntando: "É verdade que você quis dizer isto, isto e aquilo?" O autor de uma tese atribuía-me pontos de vista que eu contradisse explicitamente no inglês mais claro possível. Eles seriam muito mais sábios se escrevessem sobre os mortos, que não podem responder.

ALDISS: Na América, acho que a ficção científica é aceita em um nível mais responsável.

AMIS: Eu não tenho tanta certeza disso, você sabe, Brian, porque, quando nossa antologia *Spectrum I* saiu nos Estados Unidos, tivemos o tratamento menos amigável e menos compreensivo dos resenhistas do que o obtido aqui.

LEWIS: Estou surpreso com isso porque em geral toda resenha americana é mais amigável e generosa do que na Inglaterra.

AMIS: As pessoas estavam se dando tapinhas nas costas nos Estados Unidos por não entenderem o que queríamos dizer.

LEWIS: Você ainda não subiu a esse nível de extraordinário orgulho por estar isento de tentações! Eunucos gabando-se de sua castidade! [*Risos.*]

AMIS: Uma de minhas teorias de estimação é que escritores sérios ainda não nascidos ou ainda na escola logo considerarão a ficção científica como um modo natural de escrever.

LEWIS: A propósito, algum escritor de ficção científica já conseguiu inventar um terceiro sexo? Além do terceiro sexo que todos nós conhecemos.

AMIS: Clifford Simak[13] inventou um ambiente em que havia sete sexos.

LEWIS: Como devem ter sido raros os casamentos felizes ali!

ALDISS: Vale a pena lutar por essa possibilidade.

LEWIS: Obviamente, quando alcançados, eles seriam maravilhosos. [*Risos.*]

ALDISS: Acho que prefiro escrever ficção científica a qualquer outra coisa. O peso morto é muito menor do que no campo do romance comum. Há um sentido em que você está conquistando um novo país.

---

[13]Clifford Donald Simak (1904—1988), premiado e prolífico escritor americano de ficção científica. [N. T.]

Amis: Falando como um romancista supostamente realista, escrevi pequenas porções de ficção científica, e isso é uma tremenda libertação.

Lewis: Bem, você é um homem muito mal acostumado; você escreveu uma farsa, e todos pensaram que era uma acusação condenatória de Redbrick.[14] Eu sempre tive muita simpatia por você. Eles não vão entender que uma piada é uma piada. Tudo deve ser sério.

Amis: "Um verdadeiro termômetro da sociedade."

Lewis: Uma coisa na ficção científica que pesa muito contra nós é a sombra horrível dos quadrinhos.

Aldiss: Eu não sei nada sobre isso. A Biblioteca de Petiscos Românticos não pesa muito contra o escritor sério.

Lewis: Essa é uma analogia justa. Todas as novelas não mataram o romance legítimo de galanteio e amor.

Aldiss: Pode ter havido um tempo em que a ficção científica e os quadrinhos foram pesados juntos e achados em falta, mas pelo menos nós fomos aprovados.

Amis: Eu vejo as histórias em quadrinhos que meus filhos leem, e você tem uma reformulação terrivelmente vulgar dos temas que a ficção científica procura.

Lewis: Muito inofensivo, lembre-se. Esta conversa sobre o perigo moral dos quadrinhos é um completo absurdo. A objeção real é contra os desenhos pavorosos. No entanto, você descobrirá que o mesmo garoto que as lê

---

[14]Termo usado para referir-se a universidades britânicas particulares construídas nos séculos XIX e XX. Referência aos tijolos vermelhos normalmente usados em sua construção. [N. T.]

também lerá Shakespeare ou Spenser. As crianças são terrivelmente tolerantes. Essa é minha experiência com meus enteados.

ALDISS: Este é um hábito inglês, categorizar: se você lê Shakespeare, não poderá ler quadrinhos; se lê ficção científica, você não poderá ser sério.

AMIS: Isso é o que me incomoda.

LEWIS: É necessário que a palavra "sério" tenha um embargo esbofeteando-a? "Sério" deveria significar simplesmente o oposto de "cômico", ao passo que agora significa "bom" ou "literatura" com L maiúsculo.

ALDISS: Você pode ser sério sem ser sincero.

LEWIS: Leavis exige seriedade moral; eu prefiro a moralidade.

AMIS: Eu concordo com você todas as vezes.

LEWIS: Quer dizer, eu preferiria viver entre pessoas que não trapaceiam nas cartas do que entre pessoas que são sinceras sobre não trapacear com cartas. [*Risos.*]

AMIS: Mais uísque?

LEWIS: Para mim, não; obrigado. Sirva-se. [*Ruído de líquidos.*]

AMIS: Eu acho que tudo isso deveria ficar em, você sabe... todas essas observações sobre bebida.

LEWIS: Não há razão para não tomarmos uma bebida. Olhe, você quer emprestado o *Flatland*,[15] de Abbott, não é? Eu preciso ir jantar, estou com medo. [*Mãos sobre Flatland.*] O manuscrito original da *Ilíada* não seria

---

[15] *Planolândia*, na versão em português. [N. T.]

mais precioso. Apenas o ímpio toma emprestado e não devolve.

AMIS (*lendo*): Escrito por A. Square.

LEWIS: Mas é claro que a palavra *square*[16] não tinha o mesmo sentido naquele tempo.

ALDISS: É como o poema de Francis Thompson[17] que termina assim: "Ela me deu três recordações: um olhar, uma palavra de sua boca encantadora e uma [doce] framboesa selvagem"; novamente o significado mudou. Era realmente uma framboesa silvestre no tempo de Thompson. [*Risos.*]

LEWIS: Ou aquela adorável sobre o Bispo de Exeter, que estava dando os prêmios em uma escola de meninas. Elas fizeram uma apresentação de *Sonho de uma noite de verão*, e, a seguir, o pobre homem levantou-se e fez um discurso e disse [*voz serena*]: "Eu estava muito interessado em seu desempenho agradável, e, entre outras coisas, eu estava muito interessado em ver pela primeira vez na minha vida um Bottom[18] fêmea." [*Gargalhadas.*]

---

[16] O autor, Edwin Abbot, criou um trocadilho usando a inicial de Abbot no lugar do artigo indefinido inglês e "Square" (quadrado) como se fosse o sobrenome, a fim de compor o nome "Um Quadrado", que é tanto o autor como o personagem. [N. T.]

[17] Francis Thompson (1859—1907), poeta e místico católico inglês. O trecho citado é da sétima estrofe, de quinze, do poema "Daisy" [Margarida]. [N. T.]

[18] É o nome de um tecelão da peça de Shakespeare. A palavra pode significar "fundo (do mar, de rio)" bem como "nádegas, traseiro", o que pode explicar as gargalhadas pelo jogo de palavras. Em algumas versões em português, o nome foi traduzido para Fundilhos. [N. T.]

Sobre *histórias*

Outros livros de C. S. Lewis pela
Thomas Nelson Brasil

A abolição do homem
A última noite do mundo
Cartas de um diabo a seu aprendiz
Cristianismo puro e simples
Deus no banco dos réus
O peso da glória
Os quatro amores

Este livro foi impresso em 2018, pela Santa Marta,
para a Thomas Nelson Brasil. A fonte usada
no miolo é Adobe Caslon Pro corpo 12.
O papel do miolo é pólen soft 80 g/m².